図解

玉川アドベンチャープログラムを

TAP

通したチームづくりの基礎

工藤亘 編著

村井伸二・川本和孝・髙岸治人 著

玉川大学出版部

本書の目的は、TAP（Tamagawa Adventure Programの略）を通じてのチームづくりに必要な基礎的条件を図解として示し、TAPでの研修に有効活用することです。そして、研修後の日常生活や仕事に応用・転用しやすくする目的もあります。

本書の対象は、チームづくりや組織づくりに注力されている人、マネジメントについて関心のある人、仲間と協働しながら自己発見や自己啓発したい人、他者と関わりながら自らの人生を開拓していく力（自己冒険力）を身につけたい人たちです。

本書の構成は、第1章「TAPの基礎編」と第2章「キーワード編」で構成され、各節のキーワードに対して、2ページを使って図解しています。左側のページには図や表、右側のページには図や表の解説と「ここがTAPのスゴイところ！」が記載されています。さらに第3章では、TAPセンターで研究を進めている「TAPが他者との絆の形成に果たす役割」について、実験結果を踏まえて図解しています。

私たちは、情報の約8割を視覚から得ているといわれています。したがって、図や表を用いると一

例　ページの構成

目で全体像を捉えたり、言葉では伝えにくいことも理解しやすくなります。また、図や表を見ながらメンバーと想像性と創造性を働かせて議論したり、コミュニケーションを促進することができるため、チームづくりにも貢献することができます。

　TAPでの研修は、新たな発見に加えて、頭で理解していることを体と心を使って再確認する機会でもあります。つまり、知識と行動のギャップに気づくために体験的に学び（Try & Error & Learn）、日常生活や仕事などに転移するためのキッカケとなります。

　VUCA時代の真っ只中で、COVID-19は私たちに大きな影響を及ぼしました。その一つであるリモートワークは、光と影をもたらしました。時間的・物理的なコスト削減というメリットの一方で、孤独や個業の影も生みました。目まぐるしく社会は変化し、予測不能なことや正解が一つとは限らない課題を解決するためには、一人の力だけでは限界があります。困ったときに相談できる人やフィードバックをしてくれる人が必要なことに改めて気づかされました。

　個人の能力は、他者との関わりや多様な要因に影響を受けながら、ダイナミックに成長します。他者からの支援があるとより高度な能力を獲得できるため、チームでの活動はスキルアップや人間的な成長に有効なのです。したがって個人的な関係ではなく、相互補完的で協働的な関係が必要であり、アサーティブネスなコミュニケーションが求められています。

　組織や職場では、豊かな個性や多様な価値観を持ち、様々なバックグラウンドを持つ人と一緒に働かなければなりません。色々な人が一緒に働くとき、無用な摩擦を起こさないためにも多様性の尊重と受容が不可欠です。各々の強みと弱みを持ち合わせたメンバーがいて、お互いのスキルを補完し合い、協働することの喜びを味わえるチームづくりを目指したいものです。

チームづくりをする人やマネジャーには、メンバーの能力を最大限に発揮できる環境や仕事を通してWell-beingな生き方ができる環境を整える役割もあります。換言すれば**「心理的安全性を確立し、アドベンチャーができる環境をつくる」**ことが役割です。

　TAPでは、人間的な成長のためにアドベンチャーを推奨し、チーム・ビルディングの過程を通してアドベンチャーができる環境（≒働きやすい環境）について学ぶことができます。アドベンチャーができる環境では、自分で考え判断し、情報共有と合意を図りながら行動し、ふりかえりを行って次の行動に活かすことができます。その結果、自分の役割に対する責任感と達成感が生まれ、モチベーションも向上し、働きがいを見出すことで自身の成長を実感するのです。つまり、**アドベンチャーができると個人が成長し、働きがいが高まることでチームも成長します。**チームの成長がさらに個人の成長や働きがいを促進すると、チームへのエンゲージメントや生産性も高まり、好循環が生まれるのです。

　VUCA時代に求められている人材は、パスカルのいう「考える葦」だけではなく、リスクテイク

をしながら思考・判断・実行・省察・改善していく人、つまり、アドベンチャーができる人といえます。どんな時代でも、どんなチームや組織の中でも、リーダーシップを発揮し、率先して改善していくことを誰かが担わなければなりません。不平・不満を提案に変え、誰かのために行動し、好影響を与えられる人の育成がTAPの使命です。その使命を果たすアドベンチャーの一つとして本書を発刊いたします。

2024年1月

工藤　亘

目　次

3章　TAP が他者との絆の形成に果たす役割について

1章

TAPの基礎
編

図1　全人の花と12の教育信条とTAP
工藤 (2016: 57)

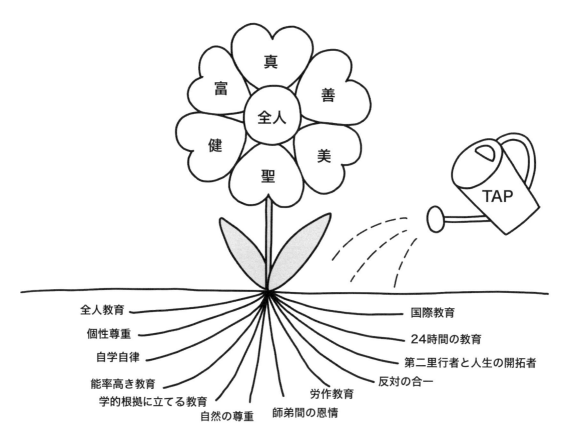

全人教育とTAP

　図1は、全人の花と12の教育信条とTAPの関係性を表しています。全人の花とは、困難な環境下であっても成長できる適応力や抵抗力、**自己冒険力**（自分自身で人生を開拓する力）を兼ね備えたたくましい花です。全人の花は、土壌となる12の教育信条（全人教育、個性尊重、自学自律、能率高き教育、学的根拠に立てる教育、自然の尊重、師弟間の恩情、労作教育、反対の合一、第二里行者と人生の開拓者、24時間の教育、国際教育）から栄養素と人間的な成長のために不可欠な養分（アドベンチャー）を、TAPを通じて吸収し、その結果として開花します。その後、夢を叶え、自己実現として結実していきます。図2は、玉川学園の創設者である小原國芳の書の一つです。小原は理想の教育の在り方を探求し続けた結果、情熱と苦難の体験から「全き人を育てる」という教育の姿を理想とし、それを全人教育としました。そして「真（学問の理想）・善（道徳の理想）・美（芸術の理想）・聖（宗教の理想）・健（身体の理想）・富（生活の理想）」の六つの価値を調和的に創造することが人間形成には必要と唱えたのです。

ここが **TAP** の**スゴイところ**！

　全人教育の理想を実現させるために12の教育信条があり、その具現的かつ今日的な教育実践の一翼を担っているのがTAP（Tamagawa Adventure Program）です。TAPは、夢や自己実現に向かう力や自己冒険力を養い、調和のとれた人間の育成に貢献しています。

図2　小原國芳の書

図1　「全人教育」における学びとは
写真　左上下：玉川学園（2019b）、右上下：TAPセンターHP

学びたい人が学べる場所

松下村塾

咸宜園

自主的な学びを引き出す場所

TAPハイチャレンジコース

全人教育における自主的な学び

全人教育を掲げる玉川学園・大学のキャンパスには、松下村塾と咸宜園（かんぎえん）の模築があります。なぜ、これらの建物がキャンパス内に建てられているのか。それは、この二つの私塾を開いた吉田松陰先生、廣瀬淡窓先生の思想と全人教育の理念に共通点がみられるからです。松下村塾と咸宜園では、学びたい者は身分などを問わずに誰でも受け入れたといいます。つまり、**先人たちは自発的・能動的な学びを大切にしていたのです**。これらの建物の礎は卒業生自らが「労作教育」の一環として築いたものだそうです[1]。ただ教えられた知識を覚えるのではなく、自主的に学びを形にするという行動を養うことを大切にした全人教育の理念がここにも表れています。

ここが TAP のスゴイところ！

TAPは「アドベンチャー」を通じて学びや成長を促していきます。しかし、TAPを受講する全員が最初から自主的に学ぼうという姿勢でいるわけではありません。TAPでは人は本来、学びたい、成長したいと思うのが基本だと捉えています。そして、TAPという活動を通して、本来持っている「学びたい」という自主性を解放させてあげられることが大事だと考えます。活動中には松下村塾と咸宜園に連れて行くことはできませんが、TAPを通じて全人教育が言う主体的な学びを体験的に獲得していくことができます。例えばチャレンジコースへ挑むまでにはチームで色々な課題解決などを経験します。しかし、**いざ高所へチャレンジするとなると、「自分がやりたい」と思わないと行動に移すことができません**。ここにTAPが支援したい自主的な学びの瞬間があります。

---

1) 松下村塾は 1966 年に、咸宜園は 1969 年に、それぞれ郷土出身の学生の労作によって模築として作られました（玉川学園 2019b）。

図1　小原國芳の書「真善美聖健富」

図2　TAPの背景にあるもの

① Project Adventure（PA）

背景

Outward Bound（OB）

カウンセリング
（Adventure Based Counseling/ABC）

② Adventure Playground

背景

玉川学園小学部（当時）に1973年に導入。

**全人教育をベースとして、この①と②
が融合したものが
Tamagawa Adventure
Program（TAP）**

全人教育における TAP の役割

社会変化のスピードが加速的に早まってきている現在は、未来の先行きが読めない「予測困難な時代」と言われています。特に、AIの進歩は著しく、近い将来には、今まで以上に日常生活や社会にも大きな影響を及ぼしていくことが予想されます。それに伴い、教育においては、今まで以上に、人間の内面を重視した「人間教育」が求められてきています。そうした時代だからこそ、「人間文化の価値観をその人格の中に調和的に形成する」という、玉川学園・玉川大学の教育理念である全人教育は、予測困難な未来を創造する人材を育成していくうえで、非常に重要な役割を有しています。TAPは、そうした全人教育の目的の達成に向けた手段の一つとしての、実践的かつ具体的な教育手法なのです。

ここが TAP のスゴイところ！

【 個性尊重の体験学習 】
　TAPでは、「人は人との関わりを通じて成長する」という考えをもとに、グループ活動を通じて個性を存分に引き出すことを重視しています。そのためにも、**個人が持つよさや強み、さらには個々のリーダーシップを自他ともに認知**し、相互尊重していくプロセスが求められます。

【 国際社会を生きる人材の育成 】
　参加者が、身体的な挑戦や困難に直面する経験を通じて、自己の限界に挑戦し、自信を培うことを目指すとともに、国際的な交流や文化の理解を促進することも重要な要素となっています。

　このように、TAPは全人教育の一環として、参加者の**総合的な能力の育成（調和のとれた人格形成）をサポートするプログラム**として位置づけられ、自己成長やリーダーシップの発揮、異文化理解などの要素を含んだ体験を通じて、全人教育の目標に近づくことが期待されています。

図1　TAPで育成したい人材像

工藤（2022: 80）

探究心がある人	正解の不確かなことに対し、その本質・意義・価値などを深く考え、与えられた課題を超えて追求するたくましさや＋αへの挑戦をする人を目指します。	**多様性を受容できる人**	異なる価値観・文化・考え方に触れ、その理解に努めながら互いに受容できる人を目指します。
知識と心が豊かな人	先人の教えや最先端の知識・技術に触れるのみではなく、多様な体験や労作を通じて心も豊かな人を目指します。	**相互尊重ができる人**	互いの個性や考えを尊重し、健全で建設的な関わり方ができる人を目指します。
リーダーシップとフォロワーシップを発揮できる人	誰かのために行動し、何らかの好影響を与えられる人を目指すと同時に、誰かの行動を支援できる人を目指します。またファシリテーション能力の向上に努めます。	**アドベンチャーができる人**	成功するかどうか不確かなことに挑戦し、人生を自分自身で開拓していく人を目指します。
コミュニケーション力がある人	言語・非言語のコミュニケーションを巧みに用いることができ、相手の立場や状況を尊重したうえでの自己主張や傾聴ができる人を目指します。	**全人を目指す人**	真善美聖健富の六つの価値を備え、調和のとれた全人を目指し、教育の12信条や玉川モットーを胸に行動します。
倫理観のある人	道徳性を有し、社会人としてふさわしい行動ができる自律した人を目指します。	**学び続ける人**	夢や自己実現に向かい、体験での気づきや学びを実生活に応用・転用し続ける人を目指します。

TAPで育成したい人材像とコンセプト

図1は、TAPで育成したい人材像です。TAPを通じて、他者との良好な関係を築くことができ、相互に尊重しながら多様性を受容し、全人を目指して探究心を持って学び続ける人を育てます。またリーダーシップとフォロワーシップを発揮でき、知識と心が豊かで倫理感のある人を育成し、将来に亘って広く社会に貢献できる人を育てたいのです。英語でtap intoとは、「うまく活用する、〜を獲得する」、tap into growth inで「〜の成長を取り込む」という意味になります。TAPを夢の実現や自己実現にうまく活用して欲しいのです。図2はTAPのコンセプトです。TAPの活動の中心は①と③で、**"アドベンチャー"をキーワード**に個人やチームの目標達成に向かって責任を果たす過程を通し、メンバーが主体的に基礎的・汎用的能力や生きる力を体験的に学ぶプログラムです。

ここが **TAP** の**スゴイところ**！

"なすことによって学ぶ"ことを重視するTAPは、メンバーが体験から得た気づきや学び、多様な考えや感性を共有し、受容することを大切にします。TAPは他者との関わりを通して、自己主張や自己開示などのコミュニケーション能力、信頼関係を構築する能力や課題解決能力を養い、その能力を日常生活に応用・転用することができます。また他者が持っている力を発揮できるように支援する能力、つまりファシリテーション能力の養成にも寄与しています。

図2　TAPのコンセプト
工藤 (2022: 80)

① **Tamagawa Adventure Program**
　チームで協力し、人と支え合う体験学習を通じて、生きる力を身につける

② **Teachers as professionals**
　教師としての専門性を発揮して、子どもの可能性を促進すること

③ **tap**
　ノックをしてドアを開くこと（自己開示）
　コツコツ叩いて自分の意思を発信すること（自己主張）
　自他の能力や資源などを開発する・活用する・利用する

2 TAP❷

図1　「TAP」における不安定、アンバランスからの学びの共通性

写真　左：養老天命反転地HP　右：TAPセンターHP

不安定、アンバランスな状況・環境では違和感や不安などを感じます。
TAPではそれに気づき自ら立てなおそうとする力を養うことができると考えます。

レジリエンシーの獲得

不安定、アンバランスからの学び

アーティストがつくった「養老天命反転地」というテーマパークをご存知でしょうか。バランスをとりながら体の持つ可能性を見つけるというコンセプトを基につくられた[1]ものであり、TAPにも通じるものがあります。TAPでは、用具やコースといった様々なアクティビティに挑戦してもらいます。難易度や目的によってローチャレンジコース、ハイチャレンジコース（ダイナミックコースとチームチャレンジコース）などに分けられていますが、これらのコースでは、ワイヤーの上といったアンバランスな場所を歩いたり、高いところに登ったりして、不安定な状態を体験します。**レジリエンスといった不安定な状態を立て直そうとする力を活用して仲間をサポートする力を養うことをねらっているのです。**

ここが TAP の**スゴイところ**！

TAPのチャレンジコースを体験する中で、参加者（チャレンジャー）は、自分や仲間の不安定な状況を脱し、なんとか安定を取り戻そうとします。この戻ろうとする力をレジリエンスといいます。地面の上では当たり前だった「安定性」が揺らぐことで、努力する自分を客観視でき、仲間との支え・支えられる関係にも改めて気づかされるのです。TAPのチャレンジは、自分一人でできることもあればチームの支えが必要なときもあります。自分だけのレジリエンス力だけでなく、他者を支えようとする力も重要とされるのです。また、**仲間がいるからこそ頑張って安定を取り戻そうとします。**このような相互関係の体験が重要だと考えます。

---

1) アーティスト荒川修作と詩人のマドリン・ギンズによって人間の平衡感覚や遠近感を混乱させる仕掛けが施されているテーマパークです（養老天命反転地 HP より）。

図1　玉川学園小学部に設置されていた「Adventure Playground」
川本・大山(2022: 39-54)

玉川学園・玉川大学におけるアドベンチャー教育のルーツ

TAPは、1999年にボストンのプロジェクト・アドベンチャーInc.（プロジェクト・アドベンチャー協会）と教育提携を締結し、2000年からTamagawa Adventure Programが始動しました。しかし、玉川学園・玉川大学のアドベンチャー教育自体の歴史は、さらに遡り、**1973年に玉川学園小学部に設置された「Adventure Playground」が始まり**とされています。

つまり、玉川学園・玉川大学における「アドベンチャー教育」と「全人教育」を関連づけた「教育に対する基本姿勢」は、1973年に始まる「Adventure Playground」のルーツと、2000年から始まる「Project Adventure」という**二つのルーツが融合**されているということです。

ここが TAP の**スゴイところ**！

【 TAPとは何か 】
1) Tamagawa Adventure Programの略称。
2) アドベンチャー教育を通じて全人教育の達成を目指すとともに、個と集団の資質・能力を向上させていくための教育手法。
   ※教育手法としての総称
3) TAPのプログラムの総称
   ※アクティビティー単体ではTAPとは呼ばない

【 TAPの成立条件 】
1) Adventure
   ※p.18の「C-zoneとAdventure❸」を参照
2) 相互尊重（Full Value）
   ※p.30の「フルバリュー❸」を参照
3) 人生の開拓者（Challenge by Choice）
   ※p.24の「チャレンジバイチョイス❸」を参照
4) 気づきを学びへと変換すること
   ※p.36の「学習サイクル❸」を参照

3 | C-zoneとAdventure❶

図1　C-zoneとアドベンチャー
工藤(2003: 100)

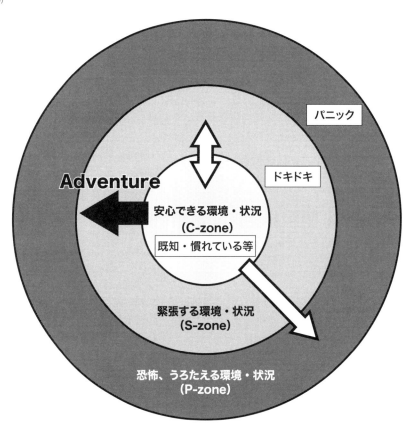

C-zoneとアドベンチャーの理論

図1は、C-zoneとアドベンチャーの関係です。TAPでは、心身の状況やそれらを取り巻く環境を円形の三つの領域に分けて考え、円の中心に近い程、安全かつ快適でリスクが少ないことを意味しています。アドベンチャーとは**「成功するかどうか不確かなことにあえて挑戦すること」**で、C-zone（Comfort-zone）から勇気を出して、S-zone（Stretch/Strange-zone）やP-zone（Panic-zone）に**自分の意思で踏み出すこと**です。しかし、C-zoneは人それぞれ異なります。自分にとっての安心は、他者にとっては緊張や不安かも知れないことを忘れてはいけません。図2は、アドベンチャーの理論「A＝f（P, C-zone）」と自己冒険力の関係性を表しています。AはAdventure、PはPersonality、C-zoneはComfort-zoneを意味します。アドベンチャーは、個人の性格とC-zone（周囲の人的・物理的環境が心身ともに安全な状況や領域）を掛け合わせることで促進され、結果として人間的な成長がみられます（場の理論と拡張ー形成理論がベース）。その過程において、家族や仲間、上司や同僚などに指導をしてもらったり、支えながら導いてもらうこと**（支導）**があります。

ここが **TAP** の**スゴイところ**！

TAPでは、**Try & Error & Learn**を繰り返しながら、いつでも、どこでも、誰でもアドベンチャーができる環境について学ぶことができます。人の性格が簡単に変わらないなら、周囲がC-zoneを形成し、拡大することによってアドベンチャーが促進されます。またアドベンチャー精神が旺盛で何とかなると思える人は、幸福度も高まります。

図2　アドベンチャーの理論と自己冒険力の関係性

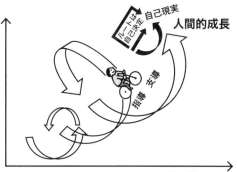

図1 C-zoneとアドベンチャー体験パラダイム
Miles & Priest(1999)を基に筆者作成

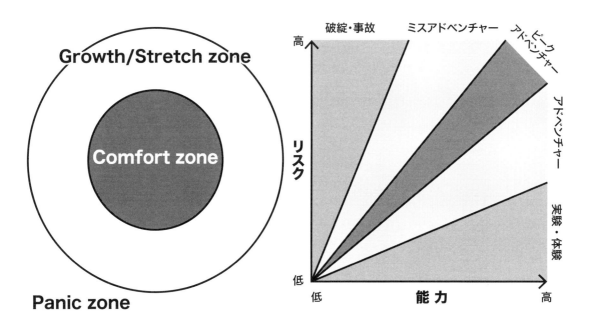

C-zoneとAdventureパラダイム

自分の心地よいエリア（Comfort zone＝C-zone）から一歩踏み出したところに学びや成長（Growth/Stretch zone）があります。またMiles & Priest（1999）は「The Adventure Experience Paradigm アドベンチャー体験パラダイム」をリスクと能力のバランスによって示しています。そして、アドベンチャー体験をExploration & Experimentation（実験・体験：能力に応じてリスクが低い）、Adventure（アドベンチャー）、Peak Adventure（ピークアドベンチャー：リスクと能力のバランスが高い状態）、Misadventure（ミスアドベンチャー）、Devastation & Disaster（破綻・事故：リスクだけが高く能力が追いついていないPanic zoneに相当する）の五つに分けています。つまり、ただ**C-zoneから一歩踏み出せばよいのではなく、能力とリスクのバランスが取れた高いレベルのアドベンチャー、ピークアドベンチャーを体験することが重要になります。**自分のC-zoneの範囲を把握し、能力に応じたアドベンチャーを体験することが大切なのです。

ここがTAPのスゴイところ！

TAPでは「ピークアドベンチャー」を体験することで学びと成長が促進されると捉えます。そもそも参加者個々人においてC-zoneの範囲が異なります。そこから一歩を踏み出すわけですから、各々の「ピークアドベンチャー」も違ってきて当たり前です。いつも先頭に立って活動する人もいれば、周囲を見守ったうえでようやく最後に挑戦し始める人もいます。**サクサクと高い所に登っていく人もいれば、ハシゴの高さで止まってしまう人もいるのです。**チームの中にどのようなアドベンチャーレベルの人たちがいるのかを理解し、個々それぞれの「ピークアドベンチャー」を選択し、尊重し合い、そしてお互いが挑戦できる環境を設定してくことが大事だとTAPは考えています。

図1　TAPにおけるAdventure

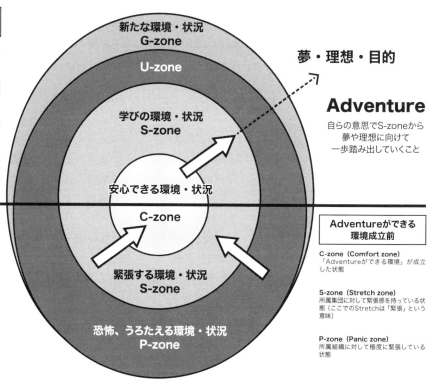

**Adventureができる
環境成立後**

C-zone（Comfort zone）
緊張することもなく、当たり前にできる行動

S-zone（Stretch zone）
自身が意識的に頑張ったり、誰かの支援があったりすればできる行動（ここでのStretchは「伸びしろ」という意味）

U-zone（Unrealizable zone）
いつかはできるようになりたいが、今は実現不可能な行動

G-zone（Growth zone）
Adventureを続けることによって、S-zoneがC-zoneへ、U-zoneがS-zoneに、そして新たなるU-zoneが形成される。その、Adventureしている現在（いま）からは認知することができない未知の行動領域のこと

新たな環境・状況
G-zone

U-zone

学びの環境・状況
S-zone

安心できる環境・状況
C-zone

緊張する環境・状況
S-zone

恐怖、うろたえる環境・状況
P-zone

夢・理想・目的

Adventure
自らの意思でS-zoneから
夢や理想に向けて
一歩踏み出していくこと

**Adventureができる
環境成立前**

C-zone（Comfort zone）
「Adventureができる環境」が成立した状態

S-zone（Stretch zone）
所属集団に対して緊張感を持っている状態（ここでのStretchは「緊張」という意味）

P-zone（Panic zone）
所属組織に対して極度に緊張している状態

Adventureできるための環境整備

Adventureができる環境が整備される前

　TAPでは、集団が集団として形成されていない「ただの集まり」の状態を、「Adventureの環境が整っていない状態」として捉えます。このような、集団が集団として成立していない状態、もしくは集団が未成熟な段階において、個人が安心できる環境を整備していくことを、TAPでは「**Adventureができる環境づくり**（C-zoneの形成）」と呼んでいます。それは、まさに心理的安全性（「Adventureしても大丈夫」と思える環境）を構築する段階と言えます。

　そのため、この段階におけるTAPの活動では、緊張をほぐすためのアイスブレイキング活動等を中心として、固定化された人間関係や小グループを一度解体し、参加者同士が出会い直し、新しく関係性を築いていくことを重視しています。

Adventureができる環境が整備された後

　C-zoneの環境に居続けていては、自身の成長はおろか、夢や理想を叶えることはできません。そのため、自身の夢や理想、または集団・組織の目的達成に向けて、C-zoneからS-zoneに向けて一歩踏み出すことが大切になります。そして、その一歩のことを、TAPでは「Adventure」と呼んでいます。この際、最も大切なことは、**多様な他者との関わりを通じて、自身のS-zone（成長領域）を常に認知していくこと**です。また、そのS-zoneを認知するためには、TAPの活動におけるふりかえりやフィードバックが非常に重要になります。

ここが TAP の**スゴイところ**！

　「Adventure」を続ければ夢は必ず叶うとは言いませんが、「Adventure」を続ける限り、夢に近づいていくことが可能となります。

図1　内発的動機づけに至る基本的欲求と自己決定によるアドベンチャー

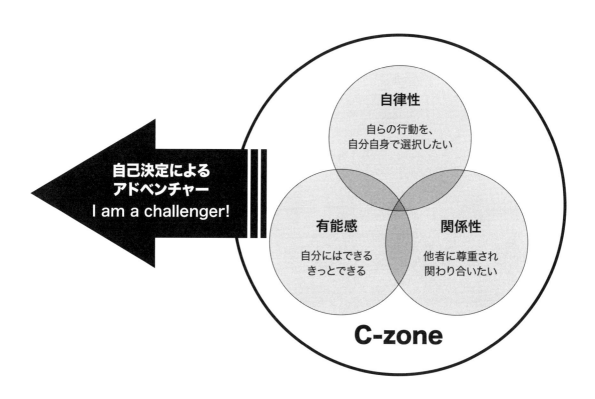

I am a challenger！とアドベンチャーの神様

図1は、内発的動機づけに至る基本的欲求（自律性・関係性・有能感）[1]と自己決定によるアドベンチャーを表しています。三つの基本的欲求が満たされると自己決定とアドベンチャーが促進されます。TAPには **I am（Inter-accountable mind）** という精神があり、それは **「相互に責任を担う気持ち」** が大切という意味です。このI amを尊重したうえで挑戦するのが **I am a challenger！** です。挑戦するか否かを決定するのは自分ですが、お互いに責任を担う気持ちを最大限に持って実行することが前提となっています。そのうえでの挑戦によって経験が豊かなものとなり、人間的な成長が促進されていきます。図2は寓話です。チャンスの神様は、いつ訪れるか分からず一瞬で通り過ぎますが、躊躇なく前髪をつかんだ者には幸運が訪れます。アドベンチャーの神様は、いつも傍にいて心や体を動かす勇気とパワーを与え、色々なチャレンジを後押ししてくれるのです。

ここが TAP のスゴイところ！

目に見えない心の領域に他人が無断で踏み込んだり、その領域から強制的に引き出してしまうと安心・安全ではなくなります。TAPでは、それらを防ぐためにも目標設定に自我関与し、**挑戦するレベルを自分で決定できることが保証**されています。またTAPでは、チャンスの神様に出会う可能性が高く、さらにアドベンチャーの神様を身近に実感できるでしょう！

図2　チャンスの神様とアドベンチャーの神様

チャンスの神様　　アドベンチャーの神様

---

1) Deci & Ryan（1985）

図1　チャレンジバイチョイス
Priest & Gass(1997)を基に筆者作成

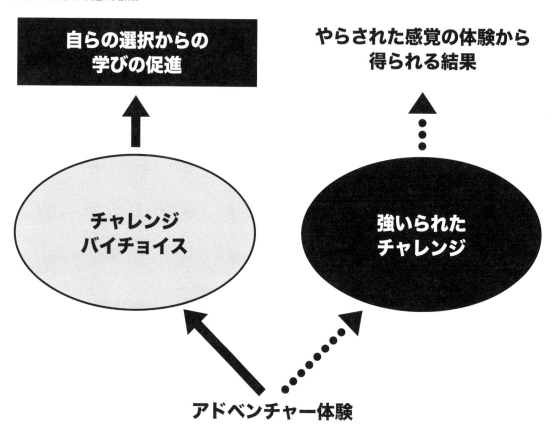

個人の選択と強いられる選択

アドベンチャープログラムにおいては「チャレンジバイチョイス」といった個々人の選択によって挑戦のレベルを決めるという概念を大事にしています。

まず、難しい課題に対して誰かに強要されず、自分でどのレベルまでチャレンジするか決定することを大事にする「チャレンジバイチョイス」の考え方を前提とすることで、参加者はチャレンジした後に学びや達成感を得ることができます。

また、**自ら選択したチャレンジによって参加者はそこから「自分はどこで限界の線を引いているのか」、「そこから自分は一歩踏み出せるのか」といった内省とともに行動に移す経緯が大事だと捉えます。**この考え方から参加者はアドベンチャーの意味を体感しながら多くのことを学べると考えています。

ここが TAP の**スゴイところ**！

TAPのハイチャレンジコースでは高いところにチャレンジしますが、実は参加者において周りがやっているから、やらなければならないと「強いられている」ことがあります。そのようなときは改めてチャレンジバイチョイスの考え方を思い出して、自分のチャレンジを選択することが大事になります。**本当にやりたいと自らがチャレンジを選択したときは顔つきも変わってきます。**そのことで自分が目標としていた以上の結果を得ることもあります。こうして自分のチャレンジによって獲得した「学び」に気づきます。やる、やらないということではなく、そのレベル（例えばどこまで登りたいか）を自分で選択することで、本来のチャレンジが促進されるのです。

図1　第二里行者と人生の開拓者（Challenge by Choice）
難波・川本(2016)

あなたは、星印まで荷物を運ぶよう強いられたらどうしますか？

① 　運ばない

② 　星印まで運ぶ

③ 　星印の倍の距離を運ぶ

言われたことだけをするのでは、自主性、自らが生きる自由を失う。
だから自分の意思で、誇りを持って物事にあたる。

チャレンジバイチョイスと人生の開拓者

「人もし汝に一里ゆくことを強いなば共に二里行け」マタイ福音書第5章41節

　第二里行者とはこの文語訳聖書の言葉から引用されている言葉で、玉川学園が創設以来掲げている教育信条の第10番目に挙げられているものです。命令されたことをやって終わるだけでなく、自らの意思によってその先の道を行くことで、初めて新しい世界や発見、価値観との出会いがあるという意味になります。玉川学園の創設者である小原國芳先生は、その**自発的な意思を持つことが、開拓の精神につながる**としているのです。

　自分の意思で仕事をしているうちに、その仕事については、他の誰よりも得意になり、そのことでさらに仕事が面白くなり、好きになります。そうして最終的には、最初の頃とは比較にならないほど、仕事を通して自分自身が成長していることを実感できるようになります。

ここが TAP のスゴイところ！

【 自らの意思でアドベンチャーすること 】
　自身の成長に向けて、また夢を叶えるための、S-zoneへの一歩は、誰かに強いられて踏み出すものではなく、いつだって**自ら意思決定していくもの**でなくてはなりません。玉川学園のモットーは「人生の最も苦しい、いやな、辛い、損な場面を、真っ先に微笑を以って担当せよ」ですが、この言葉にも第二里行者の精神が刻み込まれていると思います。

5 フルバリュー❶

図1　TAP-Commitment
工藤編著（2020: 20–21）

Play Safe	心身ともに安全であること
Play Hard	一生懸命にやってみること
Play Fair	公正に、ルールを守ること
Be Positive	肯定的に、前向きに捉えること
Have Fun	楽しむこと
Be Here	今、ここに精神的・肉体的に存在し、 自分自身がメンバーの大切な一員であると思うこと
Respect	お互いに多様性を認め、尊重し合うこと

TAP-Commitmentと心理的安全性

　図1は、**アドベンチャーをするための規範**を表し、TAPにおいて積極的に行動化することを目指しています。TAPの活動は精神的・身体的ストレスやリスクを伴うため、これらの規範をメンバー間で共有し、相互に尊重し合いながら体験学習を行います。Edomondson（1999）は**「心理的安全性」**（気兼ねなく自由に自分の意見やアイデアを出せる状況）の重要性を説き、特にPlay Safeと重なる部分があります。図2は、石井（2020）が作成した「心理的安全性と仕事の基準」を基に加筆・修正したものです。TAP-Commitmentを行動化することで心理的安全性が高まり、C-zoneが形成されます。そのうえでTAPでは、**C-zoneに留まるのではなくアドベンチャー**によってC-zoneを拡大し、健全で建設的な意見の対立ができる学習するチームになることを目指しています。

 ここが TAP のスゴイところ！

　TAPでは、チームの発達段階（フォーミング・ストーミング・ノーミング・パフォーミング）の状況に合わせながらプログラムを進行するため、チームの心理的安全性が高くなっていきます。そのためエンゲージメントも高まり、結果としてハイパフォーマンスを発揮できるチームづくりに貢献できます。

図2　心理的安全性とチーム基準とアドベンチャー
石井（2020: 37）に筆者加筆・修正

		基準	
		低い	高い
心理的安全性	高い	**ヌルいチーム** （アドベンチャー →）C-zoneの形成に留まる	**学習するチーム** 学習と健全な衝突で高いパフォーマンス
	低い	**サムいチーム** 無関心・衝突を回避	**キツいチーム** 不安と罰で統制

5 フルバリュー❷

図1　「フルバリュー」の六つの構成要素
プラウティら(1997)を基に筆者作成

Be here **ここにいること**	**Pay attention** **注意を払うこと**
Be safe **安全であること**	**Be honest** **正直であること**
Be open to outcomes **結果に寛容であること**	**Let go and move on** **手放して次に進むこと**

フルバリューの構成要素とは？

フルバリューコントラクトはチームビルディングにおいてとても重要となります。フルバリューとは「相互尊重」、コントラクトは「契約」という意味です。お互いの価値観を最大限に尊重したうえで、チームのルールやきまりごとを自分たちで決定していきます。**そこでは個人の価値観とチームにおけるそれぞれのあり方を深く理解していく必要があります。**このフルバリューコントラクトには六つの大事な要素があるとされています。「ここにいること」「注意を払うこと」「安全であること」「正直であること」「結果に寛容であること」「手放して次に進むこと」。これらの要素を活用しながらチームそれぞれのフルバリューコントラクトを形成し、チームとして行動に移していくことが重要です。

ここが TAP のスゴイところ！

TAPでは、アイスブレイキングやコミュニケーションを活発に図っていきながら、このフルバリューコントラクトをチームみんなで理解し、そして自分たちのフルバリューコントラクトを作成していくことが重要だと考えています。みんなで協力して課題を解決しているように見えるチームでも、実は個々の大事にしていることが無視されたり軽んじられていたりする場合があります。チームのフルバリューコントラクトについて考え、**それぞれの価値観を尊重しながら具体的な行動に移すことによって、さらにパフォーマンスを発揮し、目標を達成していくことを目指すことができます。**

5 フルバリュー❸

図1　Full Value Contract（FVC）の例

全員が安心してアドベンチャーをできるようにするために必要なこと

① ルールを守る意識を持とう

② 肯定的な言葉を使おう

③ アドベンチャーは自分で選択しよう

④ 心と身体の安全を守ろう！！

チームの現状に合わせて FVC を考えることが大切

フルバリューとフルバリューコントラクト

Full Value（フルバリュー）とは、「目標達成に向けてのメンバー相互の努力や言動は、全て価値あるものとして肯定的に受け容れ、それを認めよう」ということです。また、活動前にそれを参加者同士で契約（約束）することを、Full Value Contract（フルバリューコントラクト／以降FVC）と呼びます。このFVCの存在によって、**「アドベンチャーができる環境づくり」の一歩**が始まります。「Full Value Contract」は、通常ファシリテーターからチームに提示され、TAPという非日常的な活動における「法規的役割」を果たしていきます。

しかし、**フルバリューという言葉が内包する意味は非常に多岐にわたる**ため、FVCという「法規的役割」とは別に、フルバリューという概念自体は常にチームに内在し続け、また活動を通じて進化し続けることになります。

ここが TAP の**スゴイところ！**

FVC以降の「フルバリュー」は、チーム内で形成されていく価値観によって形を変えていくことになります。時として「目標そのもの」になることもありますが、その多くは、結果にたどり着くまでのプロセスの中で獲得していくものになります。

【 フルバリューに含まれるもの 】
前提となるもの：ルール、コントラクト
必要となるもの：モラル、マナー
形成されていくもの：
- ・規範、規範意識、規範感覚
- ・自己肯定、他者肯定
- ・受容と共感、感謝
- ・自己効力感、自己有用感
- ・自己尊重、他者尊重、相互尊重　等

図1 体験学習法BACKL
工藤（2019: 62）を改訂

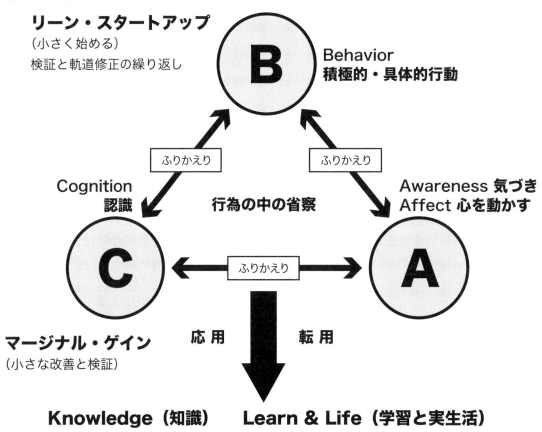

リーン・スタートアップ
（小さく始める）
検証と軌道修正の繰り返し

B Behavior
積極的・具体的行動

ふりかえり　　ふりかえり

Cognition
認識

行為の中の省察

Awareness 気づき
Affect 心を動かす

C　ふりかえり　A

マージナル・ゲイン
（小さな改善と検証）

応用　　転用

Knowledge（知識）　Learn & Life（学習と実生活）

体験学習法BACKLと学びのプロセス

　図1は、まずは積極的に行動を起こすこと **(B)** を重視し、そして気づき心を動かされ **(A)**、それらによって認識していくこと **(C)** を推奨するものです。ふりかえりは、どのタイミングでも可能です。事前の計画に膨大な時間を費やしすぎて時間切れになると、試行錯誤や失敗体験すらできないため学びや成功は得られません。このBACで得たことを生きた知識 **(K)** や実生活への学び **(L)** として活かすのです。図2のTAPでの学びは、個人⇒集団⇒チームといったチーム・ビルディングの過程を通して、チームが目標とする姿を完成するまでメンバー間で相互作用し合いながら行われます。課題解決を目指す過程で良質なコミュニケーション、リーダーシップとフォロワーシップの効果的な発揮の仕方、ルールや規範、主体性と協

ここが **TAP** の**スゴイところ**！

　TAPでは、頭で理解しているだけの知識と実際の行動とのギャップが解消されるため、自己肯定感の向上につながるでしょう。またベテランや自信過剰な人ほど、神コンプレックス（自分の失敗を受け入れらない、失敗が起こりうることさえ認められない心理状態）や無謬主義（自分たちの思想に間違いないという考え）に陥りやすいことに気がつくでしょう。

調性、自己主張と協働などを体験学習します。最終的には与えられた課題の解決ではなく、自ら問題を発見し、主体的に問題解決をしていく成長した個を目指します。

図2　TAPの学びのプロセス
工藤(2017: 28)を改訂

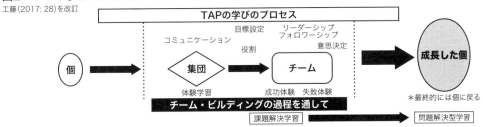

図1　体験学習サイクル

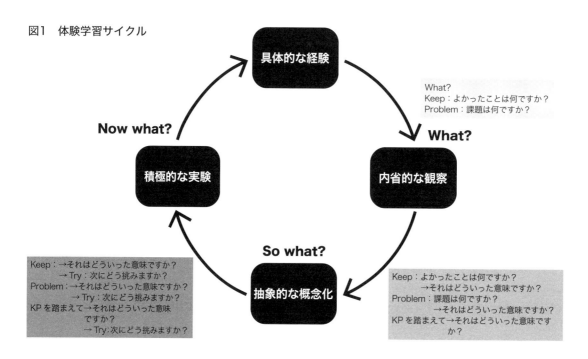

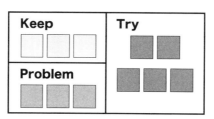

図2　KPT ふりかえり
天野(2013)を基に筆者作成

体験学習サイクルとKPTふりかえりの融合

「学習サイクル❶」では、体験学習法について解説しました。図1は、この体験学習サイクルに、KPTというふりかえり方のフレームワークを融合させたものです。

KPTは、IT戦略家であるアリスタ・コックバーンが提唱したThe Keep/Try Reflectionという考え方を基にして、日本で広まった考え方です。天野（2013）では、ふりかえりを、Keep（K）（維持していくこと（よいこと））、Problem（P）（抱えている問題、課題）、Try（T）（新たに挑戦すること）に分けて行っています。まず、**「K」と「P」について話し合うことで具体性のある内容を出し、そして双方を踏まえながら、次の行動である「T」を考えていく。そうすることで具体的な行動に移すことができると考えられます。**

ここが TAP のスゴイところ！

今、TAPでは、図1のように体験学習サイクルの方法とKPTの方法を融合させたふりかえりを試みています。「この活動を行ってみてどうでしたか？」といったあいまいな質問ではなく、「よかったこと（K）／課題（P）は何ですか」といった具体的に活動の内容が思い出されるような質問をすることがポイントです。具体的な「K」「P」が出ることで、チーム内での情報共有がしやすくなります。さらに、「K」「P」が一般化、概念化されると、次の活動（T）を考えやすくなります。**どのように「K」「P」からの学びから「T」を考え、具体的な行動に移行させていけるか。TAPで経験したこのふりかえり方法は、実生活への応用にも有効だと考えています。**

図1　体験学習サイクル
(Experimential learning Cycle)

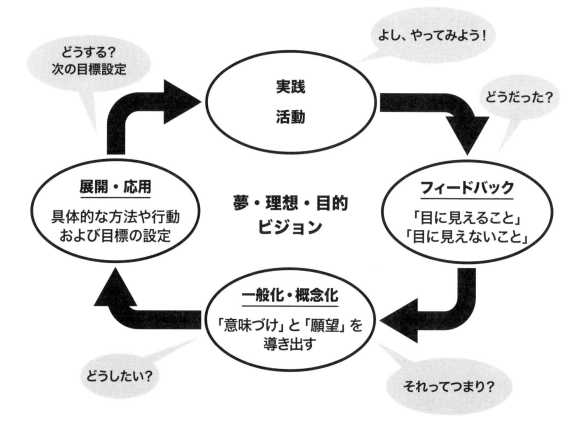

TAPにおける体験学習サイクル

体験学習サイクルとは、コルブ（D. A. Kolb）によって提唱された体験学習理論[1]を基に、体験から学びを得るプロセスを理論化したものです。

ここが TAP のスゴイところ！

TAPでは、そのコルブの体験学習サイクルをベースとして、以下のようにアレンジをしています。

①実践・活動
具体的なTAPの体験のことを指します。

②フィードバック
フィードバックをする際には、活動の際の**具体的な「場面を切り取る」**ことが求められます。この切り取った場面を通じて、個人やチームは学びを形成していきます。

※詳細はp.62の「フィードバック❷」のページを参照

③一般化・概念化
フィードバックの際に「切り取った場面」に対して、分析を加えることです。TAPの活動は非日常的な活動となるため、**日常に生かすことができる学びへと変換するためには、よりメタな分析が求められます。**

例えば、「フープをうまく渡すことができた」という場合には、①なぜフープをうまく渡すことができたのか（Why）、②フープをうまく渡すことによって、チームは何を得られたのか（So What）、といった具合に考えます。また、その後それを日常に起こりうる言動に置き換えてみたり（一般化）、具体的な理論に落とし込んだりしていきます（概念化）。

④展開・応用
一般化・概念化を通じて導き出された分析から、次の行動に向けての具体的な目標を導き出すことです。

1）Kolb（1984）

2章

キーワード
編

1 自己理解❶

図1　ジョハリの窓とアドベンチャー
Luft & Ingham(1955)に筆者加筆・修正

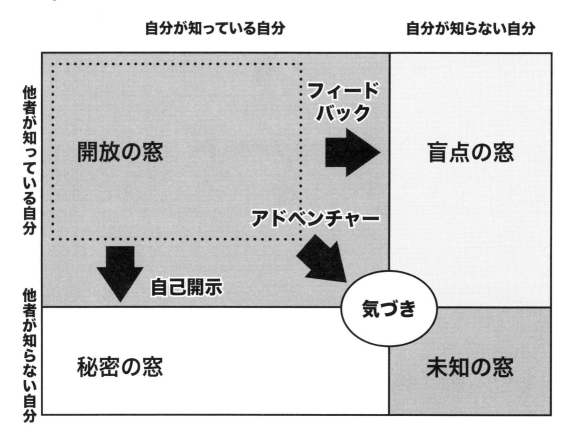

ジョハリの窓とアドベンチャー

　図1の「ジョハリの窓」は1955年、Joseph Luft と Harrington Ingham のファーストネームの最初の部分を合わせて"ジョハリ"と名づけられた概念です。**自己開示**は、真の自分を相手に理解してもらうために偽らずに表現するといった、アドベンチャーが必要です。**フィードバック**は、自分または第三者が相手をどう見ているかというデータを与えることです。ただし感情のままに正論で攻撃するフィードアタックは、相手の自尊心を傷つけ関係性をこじらせるので注意が必要です。TAPでは心の安全を確保し、お互いに自己開示とフィードバックを行いながら自己理解を深めていきます。図2の「オープンハート！？」とは、**行動を起こすことで、何かを感じ、気づき、疑問や不思議に思うことが生じやすくなること**を意味します。TAPでの自己理解は、先入観や固定概念に捉われず、オープンな気持ちで臨むことで感度が高まり、これまでの自分や新たな自分に気づき、理解することを指します。

ここが **TAP** の**スゴイところ**！

　TAPでは、自分と他者の気づきや多様な価値観を共有する機会が豊富なため、新たな自分を発見し、自己認識（自分の感情、長所、短所、欲求、衝動を深く理解すること）を深めることに有効です。自己認識ができている人は、セルフマネジメントや創造的で適切な判断を下すことができ、コミュニケーション能力が高く、強い人間関係を築けるとされています。

図2　オープンハート！？
工藤（2004: 70）

1 自己理解❷

図1　自己理解を深めがらお互いを尊重できる環境づくりへ
ケイン（2013）を基に筆者作成

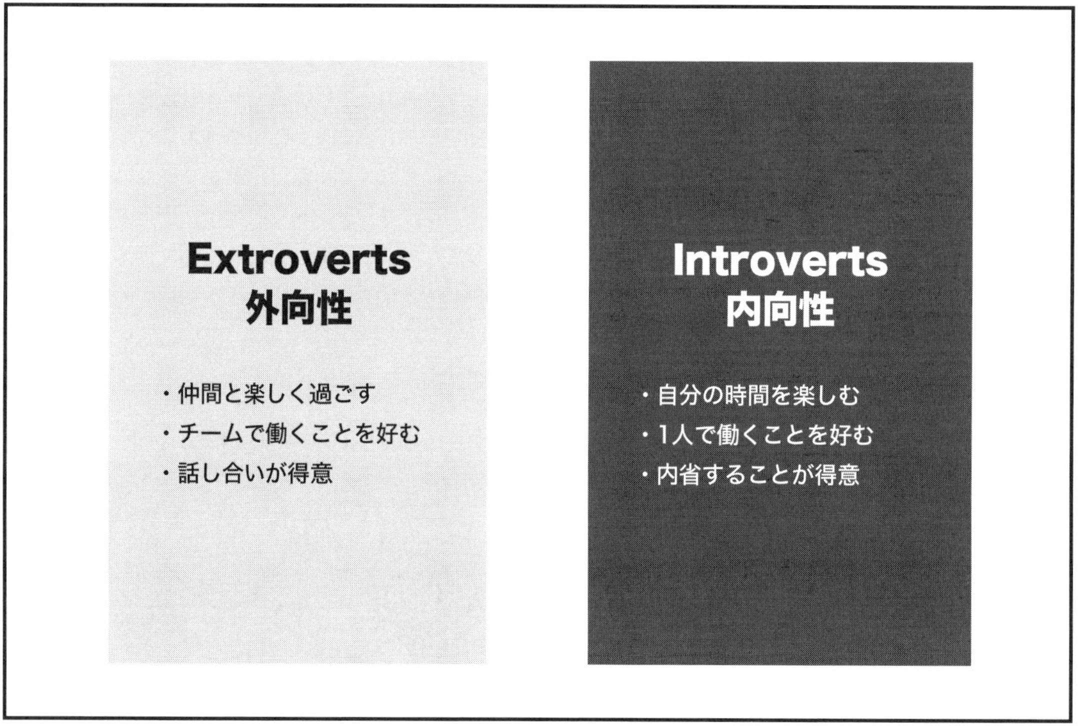
Extroverts
外向性
・仲間と楽しく過ごす
・チームで働くことを好む
・話し合いが得意
Introverts
内向性
・自分の時間を楽しむ
・1人で働くことを好む
・内省することが得意

内向性と外向性について

チームビルディングが主な活動となるアドベンチャープログラムでは、とかく外向性がよしとされているのではないでしょうか。学校でも、元気でスポーツができて社交的な児童・生徒が模範とされがちです。しかし社会的にみればそういった人々だけではないことは明らかです。ここでは内向性と外向性について触れてみます。「内向性」について深く洞察しているケイン（2012）によれば、外向型を理想とし、内向型の評価を低くすることは間違っているそうです。内気でシャイといった内向型の性格は、裏を返せば、1人で活動したり学んだりすることが得意だとも言えます。**内向性が強いからといって能力を発揮できないわけではないのです。**

自身が内向型か外交型かを把握することは自己理解のきっかけの一つになります。十分な自己理解をしたうえで、チームの1人としてどのような言動をし、行動に移すかを考えていきます。そして、自己理解を深めながら、お互いを尊重できる環境をつくっていくことが重要になるのです。

ここが TAP のスゴイところ！

TAPでは、自己理解の一つとして、自身が内向型か、外交型かを把握することはとても大事だと捉えています。例えば、ハイチャレンジコース（ダイナミック）ではチームの中の1人または2人が高所でチャレンジします。そのときにチームの声かけが大事になってきます。チームメンバーは、チャレンジャーに対して「頑張れ〜、できるよ〜」と声をかけることもあれば、声をかけずに黙って見守っていることもあります。**外向性の強い人には積極的に声をかけ、内向性の強い人には余計な重圧をかけない。つまり、活動を通じてチームメンバーの様々な個性（自己理解）を受容（他者理解）し、対応を変えているのです。**

ここでは内向性と外交性に焦点を当てましたが、自己理解は他の様々な要素で構成されています。まずはチームの一員としての自己の理解を深めていくことが大事です。そして、自己を理解することで、他者への理解も生まれていくのです。

組織化のプロセス❶

図1　組織化のプロセス「エンパワメント三つの鍵」
ブランチャードら(2017)を基に筆者作成

自律した社員が自らの力で仕事を進めていける環境をつくろうとする取り組み

エンパワメントと組織化について

組織化を目指すうえでは、構成要素となる個人が重要になってきます。その個人が能力を発揮できるか、仲間と相乗効果を生み出せるかによって組織化は変わると考えます。ここでは「エンパワメント」を紹介します。ビジネスコンサルタントであるブランチャードは、その著書（ブランチャードら 2017）の中で、エンパワメントを「自律した社員が自らの力で仕事を進めていける環境をつくろうとする取り組み」としています。**個々人が特徴ある能力を持っていても、それをうまく引き出せない環境だと組織化は困難となります**。組織化には次の三つの鍵があるとされています。「すべての社員と情報共有する」「境界線によって自律した働き方を促す」「セルフマネジメント・チームを育てる」です。これらをTAPに応用してみるとどのようになるのか解説していきましょう。

ここが TAP のスゴイところ！

例えば、TPシャッフルという活動があります。これは、横たわった電柱の上にチーム全員が立ったのちに、落ちないようにある順番（誕生日等）に並び替えていくという活動です。たいていの場合、最初はチームではなく個々での課題解決が始まります。ふりかえりを通じて次第にチームに変化が訪れます。「どの順番かを全員で情報共有してから行動する（情報共有）」「個々が勝手に動き出すのではなく全員が何をするべきか（境界線：目的、価値観、イメージ、目標、役割、構造とシステム）を確認する」といった意見が出て、具体的な行動に移すことができるようになるのです。チームの全員がそれぞれ自分の役割を認識し、**チームとしての行動方法を見出す「セルフマネジメント」が発揮される**ことで、積極的かつ自主的なチームが生まれるのです。

2 組織化のプロセス❷

図1　組織の３要素を活用した組織化のプロセス

目的

●最終的に達成したいもの・最終的な状態

●「何を手に入れたいか、どうなりたいか」

※抽象的な表現になることが多い

目標

●目的達成のために達成期限や達成水準を
　明確に設定するもの

●「目的を達成するために、いつまでに、
　何を、どのくらいするか」

※具体的に設定をする

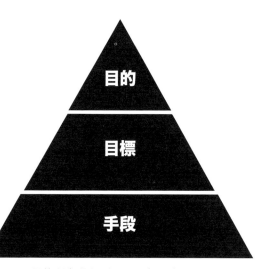

目的を達成するために目標を決める。
目標を達成するために手段を決める。

TAPにおける組織化のプロセス

TAPの活動において、「ただの集まり」を、組織化していくプロセスに関しては、基本的にはC. バーナード（1938＝1968）の「組織の3要素」を活用しています。

ここがTAPのスゴイところ！

まず、組織化していくうえで重視されるのは、「共有化された目的」です。組織として活動していくためには、「目的・目標・手段」を明確に使い分けていくことが求められますが、このうち**「目的」とは、最終的なゴールのこと**を指しており、抽象的に表現されることが多いものとなります。一方で「目標」とは、「いつまでに、何を、どれくらい」といったように、目的の達成に向けて、具体的に設定されるものになります。そのため、一次目標、二次目標といった具合に、徐々に目標を達成しながら、目的に向けて進んでいきます。TAPの活動においても、**目的と目標を自分たちで定め、それを共有化していくことが求められる**のです。

目標を達成していくうえで求められる「手段」は、メンバーの「コミュニケーション」によって設定されていくことになります（TAPの活動においては、アクティビティーの作戦や、ふりかえりなどがこれにあたり、一般的にはフォーマル・コミュニケーションと呼ばれるものに該当します）。さらに、インフォーマル・コミュニケーションと呼ばれる、活動の合間や日常の中にある雑談等も、組織化のプロセスにおいては重要な役割を果たすことになります。

最後に、「協働への意欲」です。協働への意欲とは、組織における様々な役割（p.54「役割分担❷」のページを参照）を通じて、組織の協働に対する自身やメンバーの貢献方法について、共有化していることです。

3 目標設定❶

図1　SMARTゴールの構成要素
プラウティら(1997)を基に筆者作成

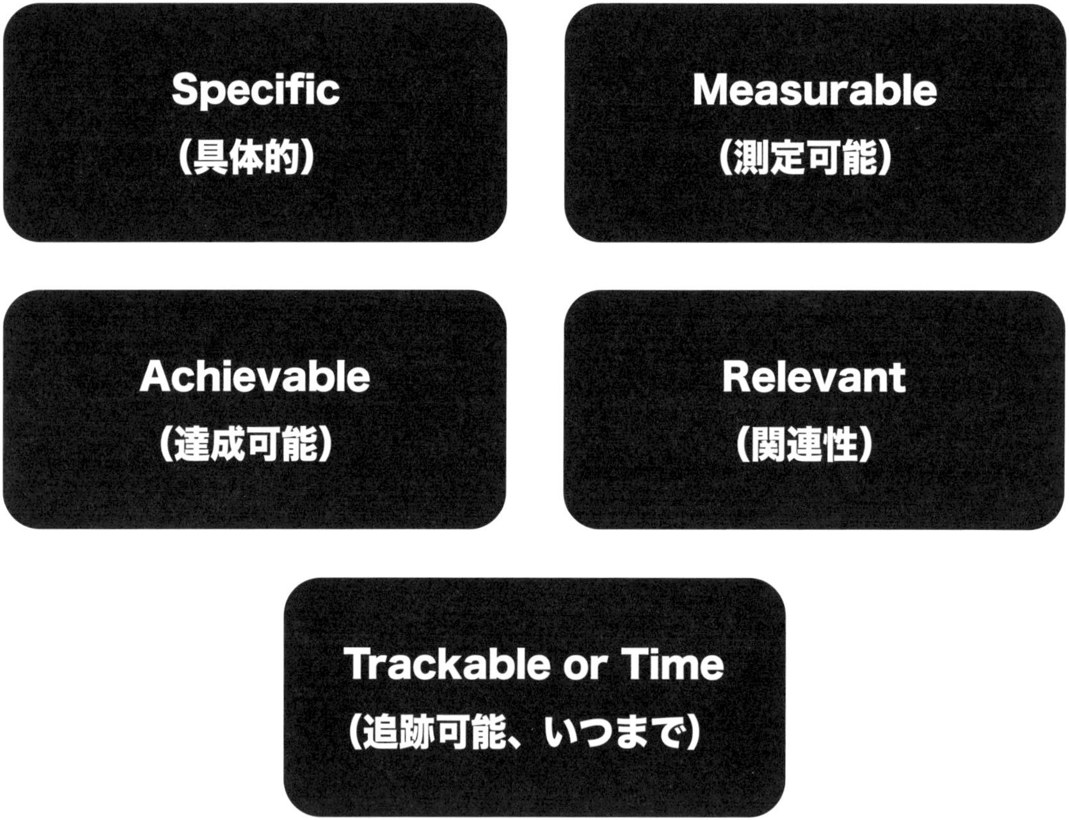
Specific
(具体的)
Measurable
(測定可能)
Achievable
(達成可能)
Relevant
(関連性)
Trackable or Time
(追跡可能、いつまで)

SMARTゴール

　アドベンチャープログラムにおいて目標設定が重要であることは言うまでもありません。しかし、目標の設定の仕方は以外に難しいと考えます。ここではアドベンチャープログラムにおけるSMARTゴールを用いた目標設定の立て方を紹介します。SMARTゴールは、Specific（具体的）、Measurable（測定可能）、Achievable（達成可能）、Relevant（関連性）、Trackable or Time（追跡可能、いつまで）の頭文字をとった目標設定の方法です。目標に具体性が欠けていたり、達成不可能な目標ではいけません。また、数値で確認できる目標になっていることも重要なポイントです（＝測定可能）。それが、自身の価値観や目的に沿ったものであり（＝関連性）、期限が明確になっている必要もあります（＝いつまで）。「追跡可能」とは、現状を知ったうえで、**目指すチーム像に向かってどう段階的に近づいているのかを知ることです。**

　では、SMARTゴールをTAPでどう活用しているか解説しましょう。

ここが **TAP** の**スゴイところ**！

　TAPではさまざまな課題解決を提供します。その際に目標設定がとても重要になります。例えば、フープリレー（チームが丸くなって手をつないで全員がフープをくぐる）では、時間を目標として活動します。回を重ねるたびにチームでふりかえりを行い、目標設定を行うのですが、その際にSMARTゴールを活用するのです。まず、「32秒を目標とする」のように具体的な時間を設定し、チームの合意を得ます。そして、**目標達成にはどのような方法が必要かを話し合い、残る挑戦回数でどこまで達成できるかを検討します。**具体的な目標を設定し、一つずつ達成していく経験が、チームの成長を促進するのです。

図1　ゴール（目的）に向かうプロセス
工藤編著（2020: 91）を筆者加筆・修正

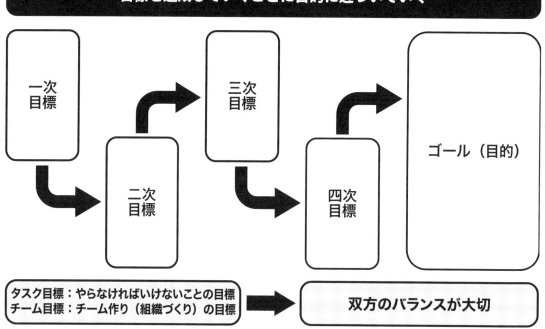

目的に向かって進んでいく

目標を達成していくごとに目的に近づいていく

一次目標

二次目標

三次目標

四次目標

ゴール（目的）

タスク目標：やらなければいけないことの目標
チーム目標：チーム作り（組織づくり）の目標　→　**双方のバランスが大切**

TAPにおける目標設定

TAPの活動には、大きく分けて三つの目標設定が存在しています。

ここが TAP の スゴイところ！

①タスク目標

TAPのプログラムにおける、各アクティビティーの目標設定になります。一般的にいう、業務における数値化できる目標設定です。設定上の最重要ポイントとしては、メンバー全員が「達成基準を共有化できているか」ということです。漠然とした「達成」としないためにも、「何を、いつまでに、どれくらい」といったことを数値で表したり、具体的に言語によって共有したりすることが求められます。また、自分たちの**目標設定がS-zoneかどうか**、ということも共有すべき事項です。そのため、「達成感」と「達成可能かどうか」という二つの視点のギリギリのポイントをメンバー内で合意のうえ、決定する必要があります。

②チーム目標

チーム内における人間関係、雰囲気、チームの発達段階といった、タスク以外に関する目標設定となります。ただし、**チーム目標とタスク目標は密接に関連している**ため、より効果的にタスク目標を達成するうえでも、チーム目標は重要な役割を果たします。

フィードバックも含め、適切なふりかえりを行っていくことによって、チームに求められる適切な目標を設定していくことができます。

※p.36「学習サイクル❸」、p.78「リフレクション❷」、p.62「フィードバック❷」のページを参照。

③個人目標

「チーム目標を達成するうえで、個人に何ができるか」という目標ではなく、「このチームが目標に進んでいくと、全員の個人目標が達成できる」という関係性を築くことがTAPの目指すところです。

4 役割分担❶

図1　役割分担
野口(n.d.)を基に筆者作成

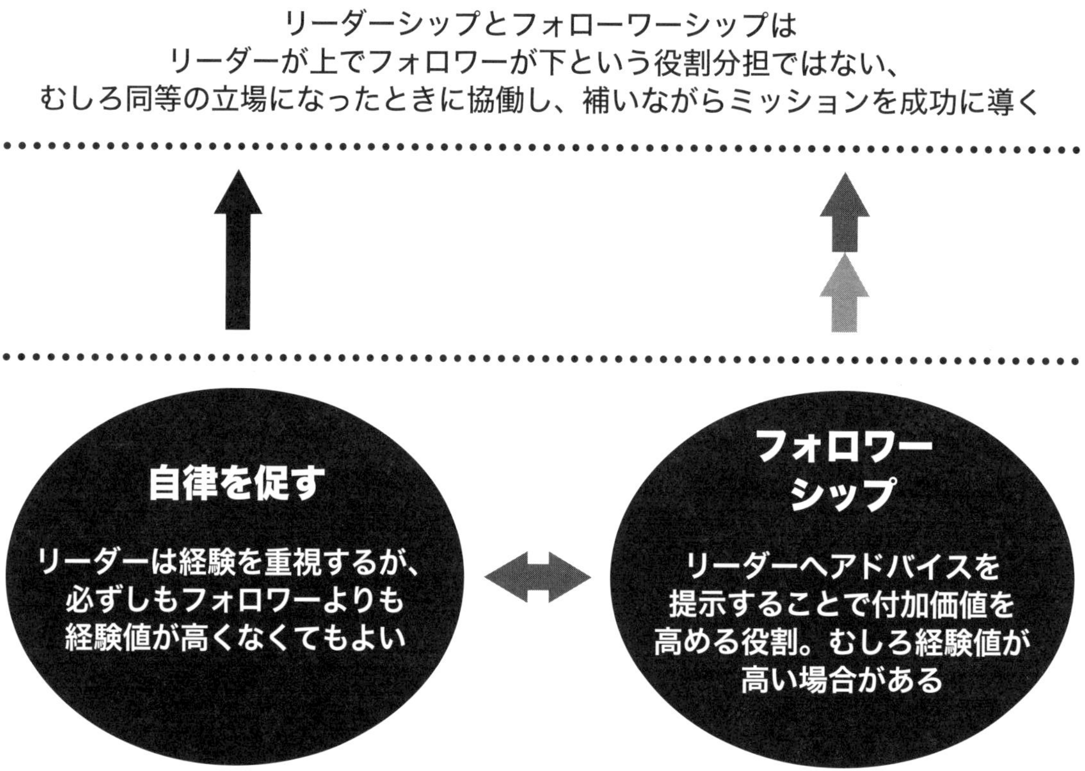
リーダーシップとフォローワーシップは
リーダーが上でフォロワーが下という役割分担ではない、
むしろ同等の立場になったときに協働し、補いながらミッションを成功に導く
自律を促す
リーダーは経験を重視するが、
必ずしもフォロワーよりも
経験値が高くなくてもよい
フォロワーシップ
リーダーへアドバイスを
提示することで付加価値を
高める役割。むしろ経験値が
高い場合がある

リーダーとフォロワー

リーダーとフォロワーの関係性は、リーダーが上でフォロワーが下ということではありません。宇宙飛行士の野口聡一氏（n.d）はチームでのリーダーとフォロワーの役割分担について述べています。野口氏が着目しているのはフォロワーです。実はフォロワーにはリーダーよりも経験値が高い人が選ばれることがあるそうです。フォロワーはリーダーに従うこともありますが、適切なアドバイスを行い、リーダーの付加価値を高めるような働きが求められます。経験豊富なフォロワーがリーダーと同等の立場でミッションの達成に向けて協働していく。**そのような組織ならば、ミッションを成功に導く可能性が高まるでしょう**。リーダーとフォロワーの関係を上下関係として捉えず、互いに補い合うものとして考えることが重要なのです。

ここが TAP のスゴイところ！

リーダーシップやフォロワーシップを体験的に学習するアクティビティとして、二人組で行うミラーストレッチを紹介します。2人で向かい合い、お互い触らずに鏡のように動きを真似てストレッチするものです。このとき最初に動いて情報発信する人はリーダーの役割、そしてその動きについていく人はフォロワーだとします。当たり前ですが動いてくれる人がいるからついていくことができる。またついていく人がいるからリーダーとの動きが同調してストレッチという「形」が成立します。このようにお互いの動きがリーダーとフォロワーといった役割分担として意識されることは、**その後の課題解決やチャレンジコースの活動において重要な「きっかけ」となります**。これがとても大事な学びの瞬間なのです。

4 役割分担❷

図1　見える役割と見えない役割

見える役割（決められた役割）

個人に割り当てられている決められている仕事
　　例：当番、係、委員会、日直、リーダー　など

見えない役割（決められていない役割）

自分で選択した決められていない仕事
　　例：ムードメーカー、リーダーシップ、励まし役、勇気づける役　など

決められた役割は、基本的に動機づけが重要となることが多い
決められていない役割は、自分の意思でその役割を決定することが多い

TAPにおける役割分担

「組織化のプロセス」でも述べた通り、組織やチーム作りにおいて、役割分担は欠かすことができないものです。通常、組織やチームにおいて「役割分担」には以下の二つの種類の役割が存在します。

①見える役割（決められた役割）
　他者によって個人に割り当てられている、決められている仕事

②見えない役割（決められていない役割）
　自分で選択した、他者によって決められていない仕事

ここが **TAP** の **スゴイところ**！

　TAPの活動における「見える役割」とは、例えばビレイチーム（チャレンジコースで命綱を持つチーム）や、時間管理担当、記録担当、スポット（人の体を支える）担当などが挙げられますが、基本的には「誰かがやらなければならない役割」とも捉えることができます。そのため、**何かしらのモチベーション**がない限りは、**「受身的」**になりやすく、チーム内もしくは管理者の**「モチベーションマネジメント」**が重要となります。長期的・短期的かは別として、役割を固定化しすぎないようにすることもポイントとなります。

　TAPの活動における「見えない役割」とは、主にリーダーシップのことを指します（詳細に関してはp.70「リーダーシップ❷」のページを参照）。この「見えない役割」に関しては、個人の長所や強みが大きく関与してくるため、**メンバー個々の自己肯定感や自己効力感等にも大きく影響を与えます**。ただし、この「見えない役割」に関しては、メンバーのフィードバックスキルに依存するため、注意が必要です。

図1　返報性
工藤編著 (2020: 58)

与えられた恩を返したいと思う心理
好意・敵意・自己開示・アサーティブネスなど

聴いてくれた　⟷　聴いてあげないと
分かってくれた　⟷　分かってあげないと

図2　自己中心的でわがままな自己主張とアサーティブネス
工藤編著 (2020: 57)

個性	自己中心	わがまま
個人または個体・個物に備わった、そのもの特有の性質。集団の中で活きるから個性。社会に役に立つから個性	物事を自分を中心にして捉え、他人を考慮しないこと	自分の思いどおりに振る舞うこと、気まま、自分勝手
自己主張	**アサーティブネス**	**協調性**
自分の意見や考え、欲求などを言い張ること	相手の価値観や人格、立場や状況を考慮したうえで、自分の考えや意見を伝える自己主張の仕方	他の人と物事をうまくやっていける傾向や性質

返報性とアサーティブネス

　図1は、**返報性**（与えられた恩を返したいと思う心理）の法則です。人との関わり方で好意・敵意・自己開示なども返報性が働きます。例えば、他者に好意的に接してもらうと自分も好意的に関わろうとします。図2は、自己主張をする際に自己中心的なのか、それとも相手の価値観や立場・状況を考慮したうえで自分の意見を伝える「**アサーティブネス**」[1] なのかを自覚するためのものです。自己主張の仕方は個性が表れやすいため、自己分析してみましょう。なおアサーティブネスにも返報性が働きます。図3は、自分と相手の解釈にはズレが生じる可能性があることを示しています。私の"ちょっと"と相手の"ちょっと"は、正反対かも知れません。あれも"ちょっと"、これも"ちょっと"で間違ってはいないのです。人それぞれの解釈や基準があることを踏まえ、相手の立場に立ち、共通の認識を持っているのかを確かめることが大切です。

ここが TAP のスゴイところ！

　TAPでは円滑な人間関係を促進し、心理的安全性を確保するために自他を尊重したアサーティブネスを心掛けています。その結果、相手が表現しやすいように安心できる許容的な雰囲気を醸成するようになります。また親密さの度合いによっては話題を選び、相手の様子に応じて語調を工夫するようになります。

図3　ちょっと！

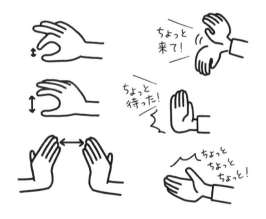

1）アルベルティ・エモンズ（1994: 3）

5 アサーティブネス❷

図1　アサーション
平木（2012）を基に筆者作成

非主張的自己表現	アサーティブな 自己表現	攻撃的自己表現
引っ込み思案	正直	強がり
卑屈	率直	尊大
消極的	積極的	無頓着
自己否定的	自他尊重	他者否定的
依存的	自発的	操作的
他人本位	自他調和	自分本位
相手任せ	自他協力	相手に指示
相手の承認で決める	自己選択で決める	自分の命令に従わせる
服従的	歩み寄り	支配的
黙る	柔軟に対応する	一方的に主張する
弁解がましい	自己責任で行動	責任転嫁
「私はOKでない、あなたはOK」	「私もOK、あなたもOK」	「私はOK、あなたはOKではない」

アサーティブな自己表現

アドベンチャープログラムは人間関係や個々の内省に焦点を当てるため、自己表現がとても重要な要素になってきます。アサーションを日本に紹介した臨床心理学者の平木（2012）によれば自己表現には三つのタイプがあるそうです。一つ目は非主張的自己表現です。自分の意見や気持ちを言わず相手に理解されにくい自己表現です。二つ目は攻撃的自己表現です。気持ちをはっきり言うのですが相手に自分を押し付けてしまいます。そして三つ目はアサーティブな自己表現（アサーション）です。これは、先に示した二つの自己表現のように極端なものではなく、バランスのとれた適切な自己表現です。**これにより、自分の気持ちを正直に伝えて、相手の反応を受け止めることができます。**つまり、このアサーションは自他をともに大切にしながらコミュニケーションを図る方法なのです。

ここが **TAP** の**スゴイところ！**

最初は緊張している参加者もアイスブレイキングなどで緊張がほぐれ活動に専念していきます。その人間関係の壁が下がったときにチーム内での自己表現が見えてきます。目標達成に注目しすぎることにより攻撃的な発言や強制的なリーダーシップになることもあります。一方で、従った方がよいと考え、自分の意見を言わずに非主張的な表現が出てきてしまうこともあります。活動中やふりかえりにおいて、**一度自分の表現方法を見つめ直し、アサーティブな考えを取り込むことによって、バランスのよいコミュニケーションが生まれます。**そして、自分と他者の双方を大切にする意識を持ちながら自己表現していくことで、さらにチームのバランスが保たれていき、目標達成に向かうことができるのです。

6 フィードバック❶

図1　ポジティブフィードバックによる学びの促進の効果
ヴィランティ牧野(2022)を基に筆者作成

やる気がアップする

自信がアップする

人間関係がアップする

仕事の理解度がアップする

主体性がアップする

ポジティブフィードバックの効果

国際エグゼクティブコーチであるヴィランティ牧野（2022）は、フィードバックとは「人や組織に対する反応・意見・評価のこと」であると述べています。このフィードバックは学びを促進することが分かっています。しかし、**フィードバックがネガティブに行われると、参加者の学習を阻害してしまう可能性があります**。学びを促すのはポジティブなフィードバックなのです。ポジティブフィードバックは「成長のための、相手への良質なコミュニケーション」であるとされています。また、その効果として、①やる気がアップする、②自信がアップする、③人間関係がアップする、④仕事への理解度がアップする、⑤主体性がアップするが挙げられています。効果的にポジティブフィードバックを行いながら、お互いが学習し、成長していきたいものです。

ここが TAP のスゴイところ！

TAPでは、活動中の声かけやふりかえりにおいてコミュニケーションが発生します。ここでは、ポジティブなフィードバックが重要となります。例えば、活動中に「それをやってくれてありがとう！」という声がよく聞かれます。これもポジティブなフィードバックです。「ありがとう」という**ポジティブフィードバックから、参加者間で「よい行動」が意識化され、行動に変容をもたらすのです**。また、ふりかえりの際には、間違いを指摘し合って反省するのではなく、お互いのよいところを見出して、ポジティブな情報交換をすることが大切です。ポジティブフィードバックによって左の解説の①～⑤の効果を得ることで、個人としても、チームとしても、成長していくことができるのです。

6 フィードバック❷

図1　何に対してフィードバックするのか

①タスクへのフィードバック
　　具体的な活動・業務における行動、パフォーマンスに関すること
　　など

②活動中のプロセスに対するフィードバック
　　1) 活動もしくはタスクにおける具体的な戦略や方法論　など
　　2) 雰囲気、他者への関わり方、表情　など
　　　　　　　　　　　　　　　　　　　　　　　　　指導になりやすい

③自己管理（セルフマネジメント）に関するフィードバック
　　メンバー各自の取り組む姿勢、計画性　など　　　　　偏らないこと
　　　　　　　　　　　　　　　　　　　　　　　　　バランスが重要！

④ポジティブフィードバック
　　長所、優れた点、強み、ポテンシャル、可能性、個々のリーダーシッ　視点がないと難しい
　　プ　など　　　　　　　　　　　　　　　　　　　　※闇雲に「褒める」のは逆効果

図2　効果的なプロセスのフィードバック
　　── ポジティブ・フィードバックをするために

① 「嬉しい」と感じたこと
② 「感謝」したいこと（「ありがとう」を感じたこと）
　　　・助かったこと
　　　・勇気づけられたこと
　　　・慰められたこと　など
③ 「素敵」だと思ったこと（感心させられたこと）
④ 「すごい」と思ったこと（驚いたこと）
⑤ 「頑張っているな」と思ったこと　　　　　　　　　など

フィードバックする対象者が気づいていない行為、その人の「長所」だと思ったことに加え、潜在的な「可能性」だと思えるところを伝えること。

他にも様々なフィードバックが考えられるが、①～⑤に留意して伝えることの定着化を図りたい。

TAPにおけるフィードバック

TAPにおいてフィードバックは、チームの目標設定（タスク目標、チーム目標、個人目標）を設定していくうえでも、役割分担やリーダーシップを明確化していくうえでも、欠かすことのできないものです。特にTAPでは、プログラムを通じて社会情動的スキルを育むこともプログラムの大きな特質の一つとなっていますが、そのうえでも欠かすことのできない**メタ認知能力が、フィードバックやリフレクションには強く求められる**ことになります。

フィードバックとリフレクションの違い
●フィードバック
　活動中や仕事中の行為・態度・タスク・プロセス等に関して、他者からの意見を求めること。

●リフレクション（ふりかえり）
　活動中や仕事中の行為・態度・タスク・プロセス等に関して、客観的に自分や他者（もしくはチーム）を見つめ直すこと。
※p.78の「リフレクション❷」のページを参照。

ここが **TAP** の**スゴイところ！**

TAPにおけるフィードバックのポイント
① 「 I 」と「 You 」の視点
② 「事象」（見えること）と「感情」（見えないこと）の視点
　・私は何をしていたのか、私は何を考えていたのか（思っていたのか）
　・あなたは何をしていたのか、あなたは何を考えている（思っている）ように見えていたか

　フィードバックをする際には、**「非評価」「非操作」「非誘導」**が原則となりますが、さらにはフィードバックという名の叱咤・叱責となる「フィードアタック」にならないようにすることに注意が必要です。

図1　Q思考を用いたマインドセット

バーガー(2016)を基に筆者作成

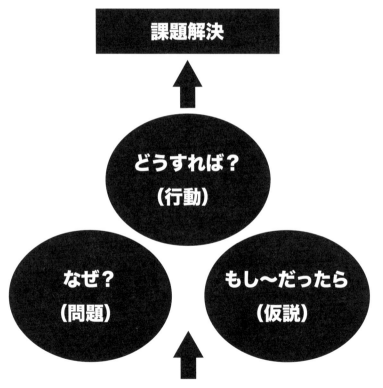

まずは「状況を疑い」「Q思考」で「美しい質問」を考えるマインドセットを行う

Q思考

課題解決では、同じやり方を繰り返し停滞してしまうときがあります。**その状況から次のステージに昇るには、そのやり方を疑う必要があります。**デザイン思考やイノベーションについての著述があるジャーナリストのバーガー（2016）は、「Q思考」という思考法を提案しています。そして、美しい質問（私たちが物事を受け止める、あるいは考える方法を変えるきっかけとなる野心的だが実践的な質問）を活用することで課題解決のブレイクスルーを促進すると述べています。また、質問の三つのアプローチとして、「なぜ？」「もし〜だったら？」「どうすれば？」を挙げています。**「なぜ？」と問うことで目の前の課題を明瞭に認識し、「もし〜だったら？」という問いで、仮説を立て改善策へとつなげます。**そして、「どうすれば？」と問うて、実現可能な行動へと発展させるのです。つまり、Q思考とは「安易な前提条件」から抜け出すマインドセットなのです。

ここが TAP のスゴイところ！

TAPで行う課題解決にはQ思考のマインドセットが役に立つ状況が多々あります。お互い座った状態から協力して立つ「エブリバディズ・アップ」という活動では、最初は2人で協力して支え合いながら立ち、後に4人→8人と人数が増えていきます。人数が増えることで立つための「課題」が複雑化します。つまり、前と同じやり方が通用しない状況（力と勢いで立とうとするが人数が増えると困難で立てなくなる）が生じるのです。そのような中で、参加者の1人が「なぜ立てないのか？（問題）」を認識し、「もし手のつなぎ方を変えたら？」と仮説を立て、「手を交差して握ってみよう」と行動へ移すことで見事に立つことができることがあります。このように**Q思考のマインドセットにより課題解決のプロセスを体験することができるのです。**

7 マインドセット❷

図1　2種類のマインドセット

成長マインドセット	固定マインドセット
C-zone（できること）は広げることができる	C-zone（できること）は限定的である
S-zoneへの一歩は次への成長につながる	S-zoneに踏み出したところで、人は変わらない
「うまくいかなかったこと」は次への学びとなる	「うまくいかないこと」や失敗が怖い
より難易度の高いことにチャレンジしたい	「無理」「できない」と決めつけやすい
学ぶことは楽しいことである	学ぶことは面倒なことである
フィードバックを求める	フィードバックが怖い／欲しくない
ふりかえりは次への目標とやりがいにつながる	ふりかえりの時間はなくてもいい

個人やチームのマインドセットは、TAPの活動によって変えられる

TAPにおけるマインドセット

「マインドセット」とは、心理学者であるキャロル・S・ドゥエック（Carol S. Dweck）によって提唱された用語であり、固定的な思考パターン（固定マインドセット）と成長志向の思考パターン（成長マインドセット）という、2種類の「マインドセット」があるとされています[1]。これらをTAP的に捉えると、以下のように分類されます。

成長マインドセット

Adventureを通じて、「自身の能力や強みを成長させることができる」という信念を持ち、チャレンジすることやうまくいかなかったことは、成長の機会として捉えることができます。特に、TAPをはじめとする体験学習においては、**うまくいかなかったことを学んだ時点で、それは学習として成立しています**。そのため、体験学習には「失敗」という言葉はありません。成長マインドセットとは、そうした「うまくいかなかったこと」のふりかえりやフィードバックを通じて、**自身のS-zone（成長領域）を正しく認知し、そこに向けて一歩踏み出し続ける**ことによって、夢や理想に近づいていくことができる、という信念を持つことです。

固定マインドセット

自分自身や他人の能力が固定されており、変えることができないという信念を内在的に持っているため、「やっても無駄」「意味がない」という認識を持ちやすくなります。

ここが TAP のスゴイところ！

こうしたマインドセットは、TAPにおける他者との関わり、組織化のプロセス、フィードバック、リフレクション、見えない役割の認知などを繰り返し行うことによって、変化させていくことが可能です。

---

1) ドゥエック（2016）

図1　チーム桃太郎のリーダーシップ

俯瞰的
情報収集力
長期的視点

知識・知恵
瞬発力
中期的視点

率先垂範
鬼ヶ島に向かう

目標設定・共有
鬼を倒す

相互支援
互いに協力

忠誠心
機動力
短期的視点

リーダーシップとフォロワーシップ

　図1は、日向野（2015）が提唱した「権限のないリーダーシップ」の最小3要素「率先垂範、目標設定・共有、相互支援」を、桃太郎たちにあてはめたものです。桃太郎がまず行動を起こし、仲間を巻き込んで目標の設定と共有をし、相互に支援しながら鬼退治をしました。桃太郎だけがリーダーシップを発揮したのではなく、猿・雉・犬のそれぞれが強みを発揮し、相互に補い合いながらチームに貢献したのです。これは**シェアド・リーダーシップ**と呼ぶことができます。図2は、手をつなぐときに起こるリーダーシップとフォロワーシップを表したものです。自分の好きな向きに手を出すことをリーダーシップの発揮とし、お互い

ここが TAP のスゴイところ！

　リーダーシップの定義を**「誰かのために行動し、何らかの影響を与えること」**とすると、誰もが身近な生活の中でリーダーシップを発揮しやすくなります。またTAPでは、リーダーシップとフォロワーシップの両方を発揮できる環境や関係性について体験的に学ぶことができます。

に向きを調整することをフォロワーシップの発揮とします。互いに握り方の折り合いをつけることでチームワークが可能となります。

図2　手つなぎのリーダーシップとフォロワーシップ

❶皆で手をつなぎましょう

❷自分の好きな向きで手を出す（意思表示・自己主張）
※リーダーシップの発揮

❸互いに向きを調節する（協調性・相互支援）
※フォロワーシップの発揮

❹互いに折り合いをつけて手をつなぐ
※合意形成

❺相互に連携し、全員が納得のうえで手をつなぐ
※チームワーク

誰もがリーダーシップとフォロワーシップを発揮できる

リーダーシップ❷

図1 PM理論
三隅(1986)を基に筆者作成

タスク（コンテント）重視型　　　　　　　　　　　　　　　　　　　バランス型

「P機能」（目標達成機能／Performance Function）

タスクの取り組みを重視しすぎて、仲間との関係づくりを軽視するタイプ **Pm型** （ラージピー・スモールエム型）	タスクの成果を重視しつつ、仲間づくりや関係づくりも重視するタイプ **PM型** （ラージピー・ラージエム型）
タスクに対する取り組みも甘く、仲間との関係づくりも重視しないタイプ **pm型** （スモールピー・スモールエム型）	仲間との関係づくりは重視する一方で、タスクの取り組みに甘さがあるタイプ **pM型** （スモールピー・ラージエム型）

「M機能」（集団維持機能／Maintenance Function）　　　　　メンテナンス（プロセス）重視型

	P機能 Performance Function	M機能 Maintenance Function
全体	タスクに対する全体計画や進行状況に関する総合的なマネジメントの視点を持つことができる。目標達成に向けた戦略的な観点においても、様々な視点・アイディアを持つだけでなく、自らも現地に積極的に赴き、「前のリーダーシップ」を発揮する人のブレイン的な役割ができるタイプ（マネジメント型）。	チーム全体の雰囲気や安心して活動できる環境づくり（働きやすさ）に関する現状やチームの課題を客観的に理解することができ、それらを重視したマネジメントができる。また、自身は決して前面に出ようとはせず、後方支援的な役割を果たすことができるタイプ（エンパワメント型）。
前	全体を引っ張っていくことができる。夢やビジョンを熱く語ることによって、メンバーを巻き込んでいく力を持っている。ブレない信念や価値観を持っているが、目標への到達までの方法を押し付けない。自らが先導して、メンバー全員のモチベーションを上げるとともに、仲間意識を高めていくことができるタイプ（ビジョン型）。	ビジョンを示し、全体を鼓舞していくことができる。また、難度が高く、やりがいのあるタスクや目標の達成を目指し、自らがお手本的な役割を担うことができる。また、自らの背中で語り、背中で引っ張ることによって、チーム全員のモチベーションを高め、成長を促していくタイプ（ペースセッター型）。
真ん中	チームのムードメーカー的な役割。結果よりもプロセスを重視し、オープンマインドな環境を築き、メンバーの意見を広く集めることができる。また、チーム全体の表情や体調、雰囲気等の変化に気づき、実際にコミュニケーションを図ることによって、チーム全体の状況把握をしながら、関係づくりができるタイプ（民主型）。	「メンバーの夢や目標」とチーム全体としての「ミッションや具体的なタスクの目標」をつなげ、全体性を支援しながら、個々のモチベーションを保つことができる。また、メンバーが自身の長所と短所を認識・自覚できるためのプロセスを、メンバー個々に支援・援助することができるタイプ（コーチ型）。
後ろ	メンバー各自のモチベーションを意識し、たとえ失敗してもそれを学びに変える環境づくりに取り組むことができる。また、他のメンバーの目標達成の支援を積極的にできるだけでなく、人が嫌がるようなタスクを進んで実践することができる「縁の下の力持ち」タイプ（サーバント型）。	課題や目標達成よりメンバーの感情面のニーズを重視することができる。また、人々を互いに結びつけてハーモニーを作りつつ、タスクについていけないメンバーや不安を感じているメンバーの声をひろい、励ましや勇気づけ等のメンタル的な支援ができるタイプ（関係重視型）。

TAPにおけるリーダーシップ

　そもそも、リーダーとは人・役割であり、リーダシップとは、個人が持つ能力・強みのことを指しています。2000年前後までは、リーダーシップとはリーダーの持つ能力とされていたため、リーダー以外はフォロワーであり、そのフォロワーに必要とされる能力のことをフォロワーシップと呼んでいました。しかし、今日ではシェアド・リーダーシップという考え方が主流になりつつあり、**リーダーシップとは「誰もが有している能力」**であり、その能力は人によって異なる、という考え方になってきています。

ここが **TAP** の**スゴイところ！**

　人とは異なるリーダーシップを言語化することは難しいため、TAPではリーダーシップを「山登り」に例えて、個々のリーダーシップを言語化できるようにしています。

山登りリーダーシップ論
●**全体を俯瞰して見れるタイプ（全体タイプ）**
　全体を俯瞰する視点を有していて、客観的な視点で物事を見ることができる。また、目的や目標および手段・全体計画を理解しているタイプ。

●**前で先導するタイプ（前タイプ）**
　仲間にビジョンを語ったり勇気を与えることができ、責任感が強く、仲間を守っていくことができるタイプ。

●**真ん中をつないでいくタイプ（中タイプ）**
　チーム全体の雰囲気づくりをしたり、仲間の能力を引き出したり、関係性をつないだり、個々の状態に関して気にかけることができるタイプ。

●**後ろから見守るタイプ（後ろタイプ）**
　個々を励ましたり勇気づけたりすることができ、また仲間のよさを引き出したり、支援することができるタイプ。

　これらを、**PM理論と合わせることによって、8タイプに分類することができます。**

図1 「やる気」「情熱」の源泉のイメージ
高橋(2021)を基に筆者作成

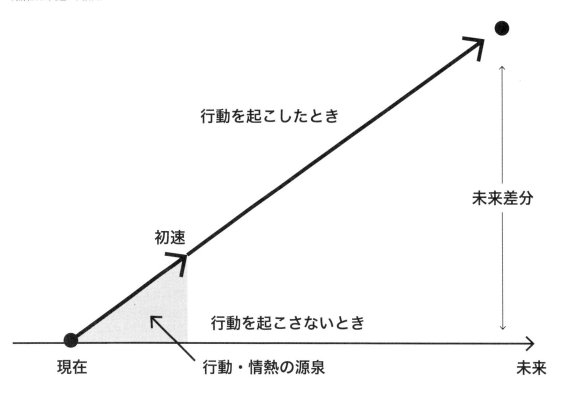

やる気と情熱

　活動に積極的に取り組む、楽しむ、やり切ることができるのは「やる気」があるからこそかもしれません。「やる気」を「情熱」と置き換えてもいいでしょう。遺伝学者の高橋（2021）によれば、「情熱」を自分でコントロールして湧き上がらせるのは難しいそうです。実は、情熱があるから行動を起こすのではなく、行動するからこそ情熱が湧いてくるというのです。まず必要なのはよい未来を描くことです。さらに、その未来へ向けて動き出す際の「初速」が重要になります。この「初速」から「情熱」が生まれてくるのです。**つまりよい未来を描けないと行動に移さないのでやる気が起きないということになります。**この差は「未来差分」とされ、これを意識することで、課題を認識し解決するために行動を起こす勢いになるとしています。まずは未来を予想して行動することが大事なのです。

ここが TAP のスゴイところ！

　TAPでは課題解決を行う際に「やる気」「情熱」と行動との関連性を目にします。課題について思考し、話し合うことは大事ですが、よい未来として課題を達成する姿を思い描き、行動にまで移すには、とても時間がかかることがあります。これは、よい未来というよりも、どう行動に移したらよいかという話し合いになってしまうからです。そのようなとき、ある参加者の「とりあえずやってみない？」の発言をきっかけに行動に移り、行動しながら協働して課題を達成していくことが多々あります。つまりTAPでは、ゴールしたらチームはこんなによくなるといったイメージを持ちながら、**まずはやってみることを推奨します。**そこからやる気と情熱がさらに醸成され、目標達成につながると考えます。

図1 プロソーシャル・モチベーションとは
入山(2019)を基に筆者加筆

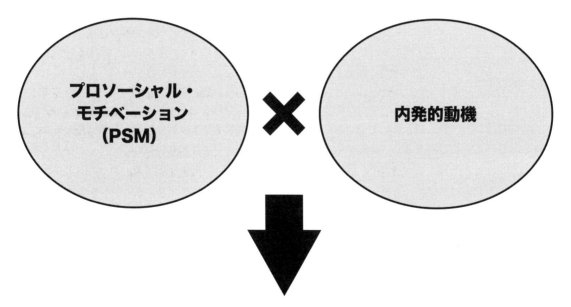

誰かが喜んでいる姿を見て、嬉しくなる
そしてその喜びが自らのさらなる
モチベーションに変わる

チームや組織等での活動における
「見えない役割」(よさや強み)等

プロソーシャル・
モチベーション
(PSM)

×

内発的動機

個人の創造性(クリエイティビティ)
個人の生産性の向上

TAP とモチベーション

これまでのTAPの活動において使われてきたモチベーション理論の代表的なものに、「期待理論、ゴール設定理論、社会認知理論」等があります。語弊を恐れずに、それぞれを簡潔に述べるとすれば、「やる気を引き出すためには"見返り"が必要」というのが期待理論で、金銭や物質的な報酬、賞賛や承認などの精神的な報酬が含まれています。また、「やる気を引き出すためには具体的なゴール・目標が必要」というのがゴール設定理論で、「具体的でチャレンジングな目標設定」「パフォーマンスへのフィードバック」「さらなる目標設定」等が含まれています。そして、「やる気を引き出すためには自己効力感が必要」というのが社会認知理論で、ここでの自己効力感とは、「自分がある状況において、必要な行動をうまく遂行できるか」ということに対する自己認知のことを指しています。

つまり、自ら設定した目標に対して、それを達成して「期待した"見返り"を手に入れることができる」と思えるかどうか、ということです。

しかし、個人的に最も重要だと考えるのは、プロソーシャル・モチベーションです。

ここが TAP のスゴイところ！

プロソーシャル・モチベーションとは、「**他者視点のモチベーション**」と言われているモチベーション理論です。簡潔に説明すると、「**誰かのために何かをしたときに、相手が喜んでくれたことで、さらに次への仕事・活動が意欲的・主体的に行えるようになる**」という動機づけ理論です。

このモチベーションこそが、「第二里行者の精神」や「人生の開拓者」につながる、TAPで重視する動機づけ理論となっています。

図1　ふりかえり
Stanchfield（2007）

Debriefinhg
デブリーフィング

軍隊用語の上司からの報告義務と
いった強い意味合い
→報告や反省

Reflection
リフレクション

体験からの学びを日常生活に置き換
える
→建設的でポジティブ

体験学習を活用して効果的なふりかえりを実施する

デブリーフィングとリフレクション

アドベンチャープログラムのような体験学習においては、「ふりかえり」が重要になってきます。このふりかえりには、デブリーフィング（Debriefing）やリフレクション（Reflection）という言葉もあるようです。では一体どのような違いがあるのでしょうか。体験教育者であるStanchfield（2007）によれば、デブリーフィングは軍隊用語として使用され、活動報告として上官に提示するといった強制的な意味合いがあるそうです。それに対してリフレクションは、体験からの学びを日常生活に置き換えるなど、まさにアドベンチャープログラムでふりかえる内容と合致するようです。**それぞれの言葉の由来を理解したうえで、その本質的意味をよく考えて「ふりかえり」を活動に取り入れていく必要があります。**

ここが TAP のスゴイところ！

デブリーフィングとリフレクションについて述べましたが、TAPのふりかえりでもこんな事例があります。アクティビティや課題解決の活動後に「では丸くなって座りましょう。この活動についてふりかえってください」と促しても誰もしゃべらず沈黙してしまうのです。**この場合、参加者はふりかえりをデブリーフィングといった強い報告義務の意味合いとして捉えた可能性があります。**ふりかえりを行うには自由な空間で自らが学びを共有したいと思えるような環境設定が大事です。TAP以外の場、普段の学校や職場といった場ではどのような「ふりかえり」が行われているでしょうか。TAPではリフレクションを活用して学びを促し、日常に置き換えられるようなふりかえりができるよう心掛けています。

図1　個人アセスメントのステップ

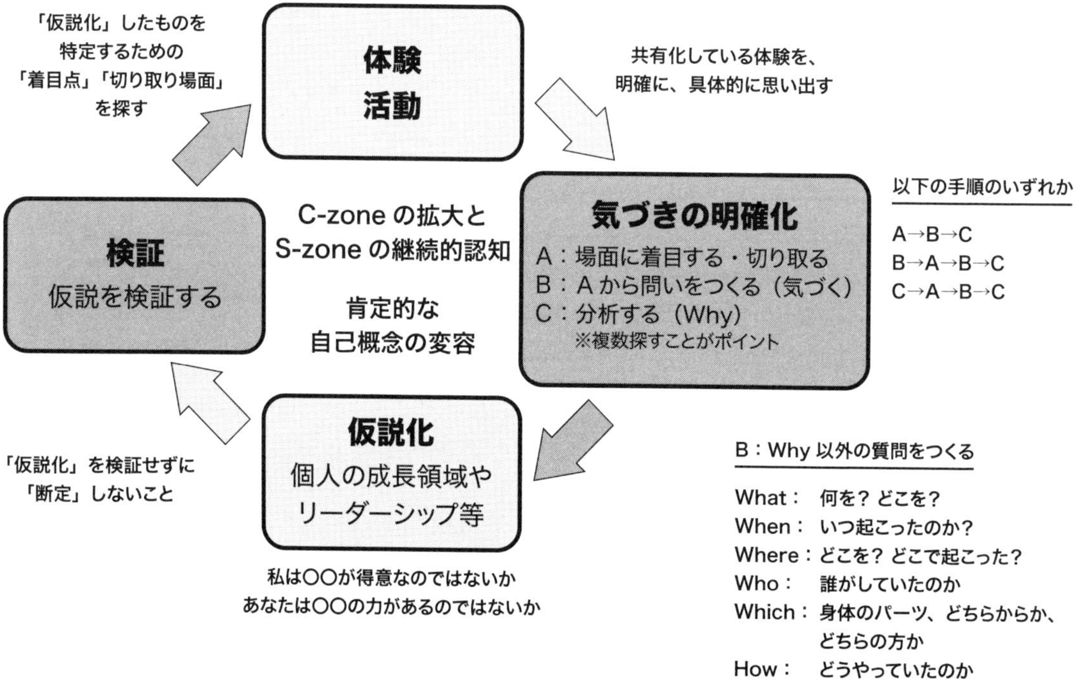

「仮説化」したものを
特定するための
「着目点」「切り取り場面」
を探す

**体験
活動**

共有化している体験を、
明確に、具体的に思い出す

検証
仮説を検証する

C-zone の拡大と
S-zone の継続的認知

肯定的な
自己概念の変容

気づきの明確化
A：場面に着目する・切り取る
B：A から問いをつくる（気づく）
C：分析する（Why）
　※複数探すことがポイント

以下の手順のいずれか

A→B→C
B→A→B→C
C→A→B→C

「仮説化」を検証せずに
「断定」しないこと

仮説化
個人の成長領域や
リーダーシップ等

B：Why 以外の質問をつくる

What：　何を? どこを?
When：　いつ起こったのか?
Where：どこを? どこで起こった?
Who：　　誰がしていたのか
Which：　身体のパーツ、どちらからか、
　　　　　どちらの方か
How：　　どうやっていたのか

私は〇〇が得意なのではないか
あなたは〇〇の力があるのではないか

TAP におけるリフレクション

　TAPでは、場面に応じて様々なリフレクションツールを使い分けますが、その際に**客観的にグループの状況把握をする「アセスメント」のスキルが重視**されます。通常、アセスメントとは「評価」とされますが、TAPやグループワークの際のアセスメントとは**「客観的な状況把握」**のことを指します。

人材アセスメント（個人アセスメント）
　グループに所属する個人の資質・能力や適性を客観的に把握すること（適材適所を客観的に見極める）

組織アセスメント（集団アセスメント）
　グループや組織全体の状況を客観的に把握すること

人材アセスメント（個人アセスメント）の視点
気づきの明確化
　①特定の場面に着目する

②-a：着目した場面や切り取った場面をもとに、問いをつくる（Why以外）
②-b：気づいたことから何が分かったのか（気づきを明確化する）

③-a：「分かったこと」をさらに分析する
　　　Why：なぜそうなった（した）のか
③-b：分析したことを一般化してみる

仮説化
「成長領域・伸びしろ」を仮説化する
例：○○が得意なのではないか
　　○○の力があるのではないか
注意点：この時点では仮説にすぎない

検証
　次の活動や実践、または生活の中において、仮説化したものを検証していく

図1　ファーストペンギン

ファーストペンギンと自己決定

　図1の「ファーストペンギン」とは、天敵がいるかもしれない海に危険を承知のうえで魚を求めて最初に飛びこむペンギンのことです。転じて、**リスクを恐れずに初めてのことに挑戦するアドベンチャー精神の持ち主**に対し、敬意を込めてファーストペンギンと呼びます。どんな時代でも予測不能なことはありますが、ファーストペンギンでリスクテイクし、自分の意思でアドベンチャーをしていくことは重要です。図2の「**二重関心モデル**」は、問題解決の結果が自分と相手の利益に、どの位配慮しているかという点を分類するものです。利己的で自分の事だけを優先して強制したり、相手に依存し、言いなりになるだけでは建設的ではありません。また双方にとって安易な妥協や身勝手な自己決定では社会生活が円滑に進みません。効果・コスト・実現までの期間・実現可能性・波及効果などの判断基準を決め、双方での合意のうえで協調・協働したいものです。

ここが TAP の スゴイ ところ！

　玉川学園のモットーは "人生の最も苦しい、いやな、辛い、損な場面を、真っ先に微笑を以って担当せよ" です。TAPはこのモットーを実行できるポジティブなリスクテイカーや自己決定ができる人づくりに貢献しています。またTAPの活動では、自己との対峙や多様な価値観の尊重と受容など、葛藤を乗り越えて自分と相手やチームにとってWin-Win-Winで協働できる関係性の構築について学ぶことができます。

図2　二重関心モデル
Thomas（1976）

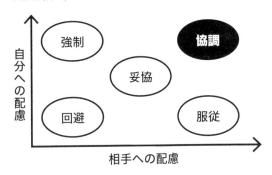

11 自己決定❷

図1　「決断」の各国分布
メイヤー（2015）を基に筆者作成

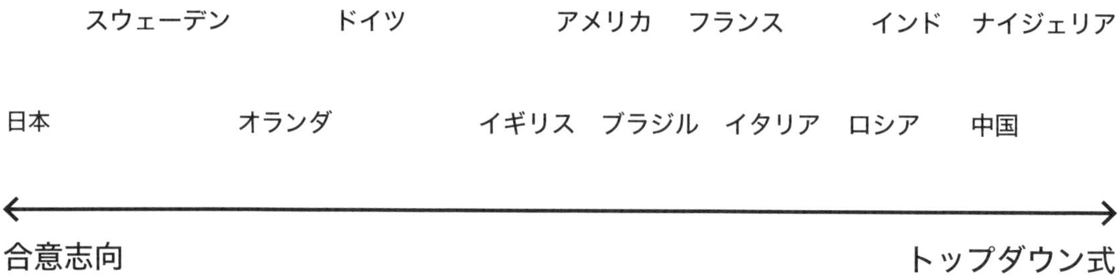
スウェーデン
ドイツ
アメリカ
フランス
インド
ナイジェリア
日本
オランダ
イギリス
ブラジル
イタリア
ロシア
中国
合意志向
トップダウン式

合意志向　　決断は全員の合意のうえチームでなされる。

トップダウン式　　決断は個人でなされる（たいていは上司がする）。

自己決定と選択について

アドベンチャープログラムにおいて自己決定はとても重要です。しかしチームの文化によってその自己決定が変化する可能性があります。ここでは多様性を踏まえた異文化理解による視点から自己決定と集団決定について解説します。組織行動学の研究者であるメイヤー（2015）は、国や文化によって「決断」や「決定」の仕方が異なり、合意志向（決断は全員の合意のうえグループでなされる）とトップダウン式（決断は個人でなされる（たいていは上司がする））とに分かれると述べています。**こういった国や文化によっては傾向が異なることがあるという多様性を理解することは、個人による自己決定がどう図られるかを知るためにも役立てられると考えます。**

ここが TAP のスゴイところ！

国や文化といった違いだけでなく、個人においてもどういった背景を持っているかで合意志向やトップダウン式の違いがあるかもしれません。TAPでは、目標設定や価値観の共有などにおいて、チームとしてどのような決定方法が適しているかを考えてもらえるところに利点があると考えます。つまり、チームによっては、「次の活動に移る前にどうしたらよいかみんなで話し合って決めよう」という合意志向がよいかもしれませんし、「リーダーの決定に従っていこう」というトップダウンがよいかもしれません。また双方がバランスよく関連するかもしれません。**TAPでは、これらを踏まえて、個とチームが尊重され民主的な自己決定ができる環境を作ることが大事だと捉えています。**

図1　成功循環モデルとTAP実践中の諸要素
Kim（2001: 87）に筆者加筆・修正

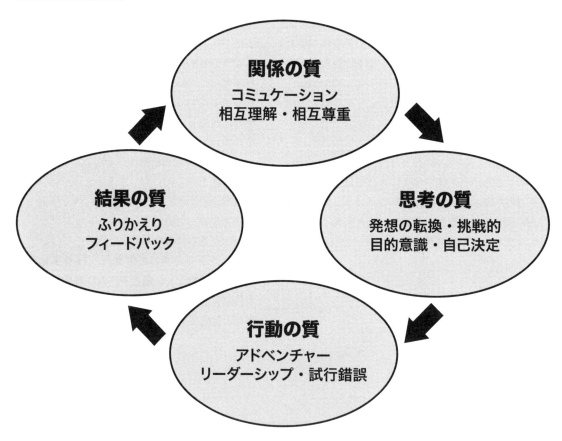

成功循環モデルとアドベンチャー

　図1はKim（2001）によって提唱された**「成功循環モデル」**の好循環サイクルに、TAPの実践中に発生する要素を加えたものです。好循環サイクルは、メンバー間のコミュニケーションによって相互理解と相互尊重を促進し、**関係の質**を高めることから始めます。それによって、多様な観点を受け入れることで発想が豊かになり、前向きで挑戦的な考えが浮かび、目的意識や自己決定が促進され、**思考の質**が高まります。そして新たな挑戦やリーダーシップの発揮を試行錯誤することで**行動の質**が高まります。そうした行動の結果をふりかえり、相互にフィードバックをすることで成果を実感し、**結果の質**が向上します。そのためメンバーの帰属意識や信頼関係が高まり、さらに好循環が生まれます。

ここが **TAP** の**スゴイところ**！

　図2は、TAPのスゴイところ! そのものです。TAPによって心理的安全性が高まることでアドベンチャーが促進され、「組織や職務との関係性に基づく自主的貢献意欲」[1]であるエンゲージメント（EG）も高まります。EGには多様な価値観を受容し、メンバーの働きがいと働きやすさを考慮することも必要です。EGが高まるとさらにアドベンチャーが促進され、仕事から得られる様々な喜び（意味的報酬）が増し、知的生産性が高まります。

図2　TAPに期待される効果

1）新居・松林（2018: 4）

図1　学習する組織のための五つのディシプリン（規律）
センゲ（2003）を基に筆者作成

学習する組織

チームが成長するうえでは、学び合う関係性が重要になってきます。組織学習協会の創設者であるセンゲ（2003）によれば、学習する組織には「五つのディシプリン（規律）」が必要であるとし、①システム思考：物事を構造的に捉える、②自己マスタリー：個々が自ら学習する、③メンタルモデル：固定概念を覆す、④共有ビジョン：チームで目指すことが共有される、⑤チーム学習：対話によるチームとしての学習などが挙げられています。個々がただ集まり集団になっていても、質がよい関係性は得られません。**チームの各々が自ら学習し、集団として意識され、共有のビジョンを持つことでチームとなる。**そして、チーム自体が組織として学習を始めていくことで、チームとしての関係性の質が向上し、継続的な成長に結びつくのです。

 ここが **TAP** の**スゴイどころ**！

TAPでは、活動を進めていくうちに、参加者それぞれが、自身の目標を達成するために何が必要かを考え、自ら学習するようになっていきます。最初は参加者同士でお互いに遠慮が見えますが、次第に緊張がほぐれていくと、コミュニケーションを図るようになっていき、自らの目標だけでなく、チームで目指す目標が生まれます。**多様な個性が集まった集団が、明確なビジョンを持つことでチームとなり、ともに成長していくことができるのです。**また、チームの各メンバーがクリエイティビティを発揮することで、固定概念を覆し、さまざまな課題解決を可能にします。このような体験を積み重ねていくことによって、チームは力をつけて「学習する組織」になっていきます。特に指示などされなくても、活動後には対話を通してふりかえりを行い、互いに指摘し合いながら、具体的な成長に向けての行動を話し合うようになるのです。

図1　システム思考「デザイン思考」の3要素
ブラウン(2019)、ケリーら(2014)を基に筆者作成

デザイン思考とは

デザイン思考とは、デザイナーがデザインを行う思考プロセスを活用してビジネスの成功や社会課題に役立てるものとされています。デザインコンサルタント会社IDEOの共同創業者であるブラウン（2019）は、デザイン思考にはViability（ビジネス価値）、Desirability（ヒトのニーズ）、Feasibility（技術的な実現性）の統合が重要だとしています。また、ケリーら（2014）はデザイン思考の例として「海賊船」のデザインを施したMRI（磁気共鳴画像）を挙げています。子供たちにとって怖くて入りにくいMRIに「海賊船」のデザインを施すことで、子供たちは勇気を持ってこの医療機に挑むことができたというのです。**課題を発見し、ニーズを見極めたうえで、イノベーションを起こしていくというデザイン思考の考え方は、アドベンチャープログラムに通ずるものがあります。**また、医療機器に工夫することで患者が恐怖を感じることなく自ら楽しんで試みる姿はTAPが目指していることと重なります。

ここが **TAP** の**スゴイところ**！

TAPでは緊張感をほぐしていくアイスブレイキングから、課題解決やチャレンジコースを通じてチームの目標を達成するまでのプロセスをデザインします。例えば、プログラムの最後にふりかえりも兼ねて「Zoom」という様々な異なる「絵」を活用した課題解決を行う活動をします。この活動で参加者は「つながり」を意識できます。**アクティビティやふりかえりで得たそれぞれの学びが体験的につながっていることに気づくことができるようになっているのです。**さらに、これをどう日常に応用させることができるかといったイメージを抱けるようになります。TAPでは、デザイン思考を活用しながら、参加者がどのように創造性を持って学びを得ることができるかデザインしているのです。

システム思考❷

図1　システム思考を持つチームを育む

システム思考

組織やチームを単なる独立した要素の集まりではなく、相互に関連し影響し合う複雑なシステムとして捉える能力のこと。

システム思考を持つチームを育む

①全体最適の追求	②相互依存性の認識
③継続的な学習と改善	④オープンなコミュニケーション

複雑な問題に柔軟に対応し、創造的な解決策を生み出すことができるようになる

TAPにおけるシステム思考

システム思考は、ピーター・センゲ（1995）が提唱した用語であり、組織やチームを単なる独立した要素の集まりではなく、**相互に関連し影響し合う複雑なシステム**として捉える能力のことを指します。

ここがTAPのスゴイところ！

システム思考を持つチームを育む

①全体最適の追求

個々のメンバーだけでなく、チーム全体の目標や成果に焦点を当てます。個々がどのように相互作用し、全体のパフォーマンスにどのような影響を与えるかを理解し、全体最適を追求していきます。

②相互依存性の認識

メンバー間の相互依存性を常に認識します。各メンバーが異なるリーダーシップや知識・スキル等を有しており、その組み合わせがチームの成功につながることを理解し、お互いの役割と貢献について相互尊重（フルバリュー）

していけるようにします。

③継続的な学習と改善

問題解決や意思決定において継続的な学習と改善を重視します。リフレクションを通じて体験から学び、システム全体の課題やパターンを把握し、効果的な改善策を見つけ出すために、メンバーが相互に協力できるようにします。

④オープンなコミュニケーション

ふりかえり等の際に、オープンで効果的なコミュニケーションを重視します。メンバー間の情報共有や意見交換を活発に行い、チーム全体の理解と協調を促進します。異なる視点や意見を尊重し、共通の目標に向けて協力する文化を醸成していきます。

このように、TAPを通じてのチームビルディングにおいてシステム思考を育んでいくことで、**複雑な問題に柔軟に対応し、創造的な解決策を生み出すことができるようになります。**

14 チーム❶

図1　そもそもチーム？とパックドチーム！

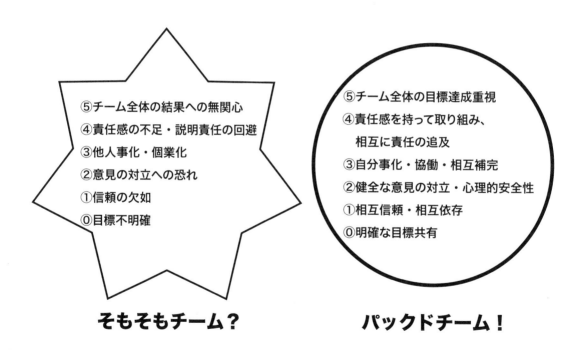

⑤チーム全体の結果への無関心
④責任感の不足・説明責任の回避
③他人事化・個業化
②意見の対立への恐れ
①信頼の欠如
⓪目標不明確

そもそもチーム？

⑤チーム全体の目標達成重視
④責任感を持って取り組み、
　　相互に責任の追及
③自分事化・協働・相互補完
②健全な意見の対立・心理的安全性
①相互信頼・相互依存
⓪明確な目標共有

パックドチーム！

パックドチーム！とチーム寄せ鍋

　図1は、レンシオーニ（2003）の「チームの5つの機能不全」を参考にしました。「そもそもチーム？」は、目標が不明確で信頼感も乏しいために健全な意見交換ができず、表面的な同意となります。そのため他人事化や個業化が進み、責任感の不足から説明責任を回避し、チーム全体の結果に無関心となります。一方の**「パックドチーム！」**は、目標が共有され、互いに信頼し合い、心理的安全性が高いために健全で建設的な意見の対立ができます。その結果、自分事化（私たち化）や協働が進み、相互に納得感と責任感を持って役割に取り組むことができ、チーム全体としての目標達成を重視するようになります。まさに**自律的なチーム**です。図2はチームを寄せ鍋にたとえたもので、食材はメンバー、出汁は心理的安全性が確保された状態です。寄せ鍋は、**一つの食材だけが突出して主張するのではなく、異なる食材がそれぞれの持ち味や特性を発揮し合い、融合されて旨味のある鍋が完成**します。チームも同じです！

ここが **TAP** の**スゴイところ！**

　TAPでは、チーム寄せ鍋やパックドチーム！を短期間で形成することができます。チームの発達段階に応じながら体験学習サイクルを循環するため、チーム力が高まっていることをメンバーが実感できます。その結果、チーム全体のパフォーマンスが向上します。

図2　チーム寄せ鍋

図1　チームと組織の違い

チーム	組織
共通の目的や目標に向かって協力し、タスクを達成するために結集した集団	一定の目的やビジョンを持ち、その目的を達成するために結集した集団
メンバーはお互いに役割や責任を共有し、協力して目標を達成していく	複数の部門や機能を持ち、それぞれの部門が異なる役割や目標を持っている
チームは比較的小規模なグループであり、メンバーは明確な役割を持ち、お互いに密接に連携して活動していく	組織は多様な規模と構造を持ち、メンバーは異なる役割や職能を担当する。長期的な雇用関係にあり、組織の目標や価値観に基づいて業務を遂行する
協働で意思決定を行うため、メンバーはお互いの意見を尊重し、協力して意思決定プロセスに参加する	上位の管理職やリーダーシップチームによって意思決定されることが多い
リーダーシップは共有され（シェアード・リーダーシップ）、リーダーはメンバーを統合し、チームの目標達成を促進していく	リーダーは組織全体の方向性を定め、部門や個々のメンバーはその指針に基づいて行動する
メンバー間の密接なコミュニケーションと協力が重要	コミュニケーションは異なる部門や階層間で行われる

TAPにおけるチームビルディング

チームとは

　組織とチームは同義で捉えられることもありますが、組織はチームと違い、複数の部門や機能を有しており、また意思決定や命令系統もより煩雑なシステムになってることが通常です（p.94を参照）。つまり、**チームとは組織と比較して小規模な集団となっており**、組織づくりとチームづくり（以降チームビルディング）では、共通する点も多々ありますが、異なる手法やシークエンス（プログラムの流れ）が用いられることもあります。ここでは改めてチームビルディングをしていくうえで、ファシリテーターがどのようにチームとしての条件を整備しながらチームビルディングしていくのかを説明していきます。

ここが **TAP** の**スゴイところ！**

チームの条件整備
①具体的なタスクがあり、それを達成するためのプロセスを共有する
②チームとしての目的を自分たちでつくり、またそれを共有する
③ふりかえりを行うことが定着化し、それを通じて次への目標を設定していく
④役割分担（見える役割と見えない役割）があり、個々のメンバーがそれを自覚する
⑤場面に応じて多様なメンバーがリーダーシップを発揮する
⑥チームへの貢献の仕方を各自が認知しており、またそれを尊重し合う
⑦フォーマルコミュニケーションを明確に設定していく
⑧インフォーマルコミュニケーションを有機的に作用させていく
⑨心理的安全性の高い環境をつくり出す環境を整備していく

　上記を通じて、**チーム内のメンバーに帰属意識や所属意識、または信頼感などが醸成されていきます。**

3章

TAP が他者との絆の形成に果たす
役割について

髙岸治人

オキシトシン

　オキシトシンは脳の視床下部で作られる神経ペプチドと呼ばれる物質です。視床下部は脳の奥深いところにありますが、そこにはオキシトシンを作りだす神経細胞、いわゆるオキシトシン神経細胞がたくさんあります（図1）。神経細胞は核を含む細胞体、樹状突起、そして長い足のような軸索と呼ばれる部位で構成されています（図2）。オキシトシンは神経細胞の細胞体で作られ、軸索の末端にある神経終末まで移動していきます。神経終末には多くのオキシトシンが溜まっており、様々な刺激により細胞外へと放出されます。オキシトシン神経細胞は下垂体後葉と呼ばれる脳の領域へ軸索を伸ばしており、神経終末から放出されたオキシトシンは下垂体後葉にある毛細血管の中に入り、血管を通して全身へと運ばれます。

オキシトシンの働き

　オキシトシンは受容体と結合することで作用を示します。たとえば乳腺や子宮にはオキシトシン受容体が多数存在し、乳腺においては、オキシトシンは受容体と結合することで母乳の分泌を促し、子宮においては、オキシトシンは受容体と結合することで筋肉を収縮させ、出産を促します。またオキシトシン神経細胞は下垂体後葉だけではなく、脳の様々な領域にも軸索を伸ばしており、たとえば情動の中枢である扁桃体においては、その働きを抑えることで、不安を減らし安心感を生む作用を示します。加えて、これまでの研究によりオキシトシンは仲間への向社会行動を促進したり、他者への共感を高めたり、保護者による養育行動を促したりすることも明らかになっています。このようにオキシトシンは人と人の絆の形成に重要な役割を果たしています。

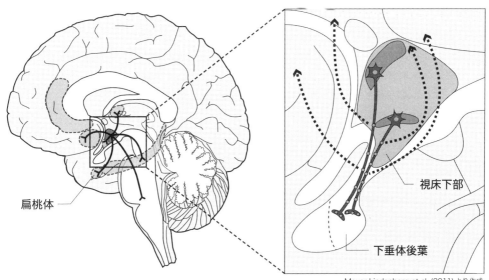

図1 視床下部とオキシトシン神経細胞　　オキシトシン神経細胞は視床下部にあり、下垂体後葉をはじめ、脳内の様々な領域に軸索を伸ばしています。

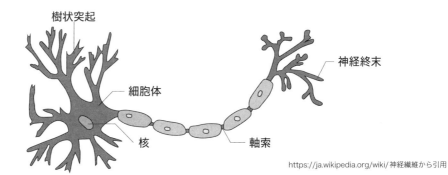

図2 神経細胞のイメージ　　神経細胞は核を含む細胞体、樹状突起、そして長い足のような軸索で構成されています。軸索の末端は神経終末と呼ばれ、オキシトシンはそこから放出されます。

オキシトシンの分泌

　オキシトシンはどのような状況で分泌するのでしょうか。オキシトシンが分泌する要因の一つにスキンシップ（体のふれあい）があります。小学生の子どもを対象とした研究では、子どもが他者から評価されるようなストレスを感じる状況に直面した場合、その直後に母親とスキンシップを含めたやりとりを行うと、子どもの体内のオキシトシン濃度が上昇しストレスを感じにくくなることが明らかになっています。またマッサージや格闘技（柔術）の寝技といったスキンシップを伴う行為はオキシトシンの分泌を促すことも明らかにされています。オキシトシンの分泌を促す二つ目の要因としてアイコンタクトがあります。飼い主と飼い犬の関連を調べた研究では、飼い主と飼い犬は見つめ合うことで、お互いのオキシトシンの分泌を促していることが明らかになっています。見つめ合うことでお互い安心感が生まれ絆が強くなるというわけです。アイコンタクトによるオキシトシンの分泌は、飼い主と飼い犬の間だけではなく、親子や恋人の間などでも見られます。

オキシトシンと同調行動

　スキンシップやアイコンタクト以外にもオキシトシンの分泌を促す要因として近年注目されているのが、仲間と一緒の行動をするといった同調行動です。たとえば、運動会では多くの仲間と一緒にダンスや体操を行い、合唱コンクールでは同じ歌をクラスメイトと一緒に歌う光景を見かけることができます。このような同調行動はオキシトシンの分泌を促し、仲間の間での絆を強める効果を持つことが明らかになっています。筆者らのグループは玉川学園に通う小学校6年生を対象に、合唱がオキシトシンの分泌を促し、他者との絆を強める作用があるかどうかを実験により調べました。実験では、子どもは音楽の先生によるピアノの伴奏に合わせて合唱を15分間行いました。またその前後に、自分とクラスメイトとの間でポイントをどのように分けるかといった課題も行い、同じタイミングで子

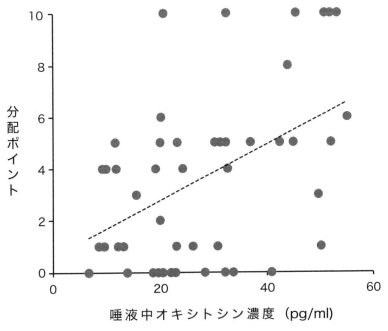

図3　唾液中オキシトシン濃度とポイントの分配の関連　　　縦軸は合唱後・計算後のクラスメイトへ分配したポイント数、横軸は合唱後・計算後の唾液中オキシトシン濃度を示す。合唱後・計算後の唾液中オキシトシン濃度が高い子どもほどクラスメイトへ多くのポイントを分配した。

どもの唾液も採取しました。実験の結果、合唱を行う前よりも合唱を行った後の方がクラスメイトへ分けるポイントの量が多く、唾液中のオキシトシン濃度が高くなることが明らかになりました。また、合唱を行った後の唾液中オキシトシン濃度が高い子どもほどクラスメイトへ多くのポイントを分けることも明らかになりました。また興味深いことに、この結果は合唱だけでなく教室で多くの人と一緒に計算問題を行う場合でも見られました（図3）。つまり、合唱だけでなく仲間と一緒に同じ行動を行うことがオキシトシンの分泌を促し、絆を強めたことをこの研究では示しています。

TAPと絆形成

　筆者らは現在TAPが他者との絆形成に与える役割について研究を進めています。TAPは他者とグループになり、共通した目標を一緒にクリアしていくといった課題内容を含みます。またTAPでは仲間と手を繋いだり、肩を組んだりといったスキンシップを伴う運動も多く行います。このようにTAPはオキシトシンの分泌を促す要素をたくさん含んでいるため、TAPを一緒に行うことで、オキシトシンの分泌を通じて、仲間との絆が強くなると考えられます。筆者らは予備実験としてTAPが絆形成に与える役割について玉川大学の学生を対象に検討しました（図4）。実験では、参加者は8人くらいのグループを組みTAPのハイチャレンジコースを30分間行いました。またTAP前後に、自身と他者のつながりの深さを図で評価する課題を行いました。あなたと書かれた円と相手と書かれた円の重なり具合が多いほど絆が強いことを示しています（図5）。実験の結果、TAPを行う前では多くの参加者は1や2（つながりが浅い）と評価しましたが、TAPを行った後では多くの人が6や7（つながりが深い）と評価しました（図6）。この結果は、TAPが他者との絆を強める効果を持つことを示しています。今後は、合唱の実験と同様に、TAP前後でオキシトシン濃度の変化や他者とのより具体的な絆形成が見られるかどうかを調べていく予定です。

図4　TAPの実験の様子　　　参加者はハイチャレンジコースを行い、その前後に
仲間との絆を評価した。

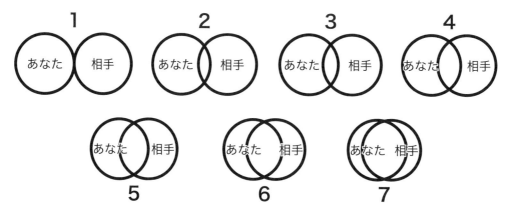

図5　他者との絆形成を測定する課題　　　あなたと書かれた円と相手と書かれた
円の重なり具合の程度が絆の強さを示す。実験では、参加者はTAPを一緒に行っ
たメンバーを相手と想定して回答した。

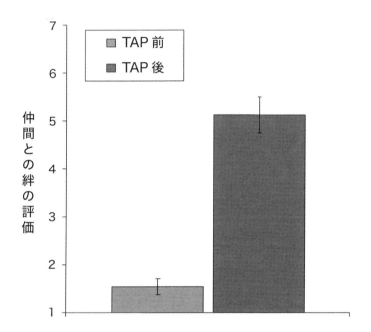

図6　TAP前後での仲間との絆の変化　　　縦軸は絆の強さを示しています。TAP
前から後にかけて仲間との絆が強くなっていることがわかります。エラーバーは
標準誤差を示す。

グラットン著『ワーク・シフト―孤独と貧困から自由になる働き方の未来図〈2025〉』（2012年、プレジデント社）では、2025年を見据え、変化に押しつぶされないために以下の三つのシフトが必要だと指摘しています。

①広く浅い知識のゼネラリストから高度な専門技術を備えたスペシャリストへ
②孤独に競い合う生き方から他の人と関わり協力し合う生き方へ
③大量消費を志向するライフスタイルから意義と経験を重んじるバランスの取れたライフスタイルへ

私がこの原稿を執筆しているのは2023年5月で、あと1年半後、これらにシフトできているのかは疑問符が付きます。2011年には東日本大震災、2020年にはCOVID-19により世界中がパンデミックに、そして2022年にはウクライナ侵攻がありました。まさにVUCA時代です。このままではグラットンがいう変化に押しつぶされてしまいそうです。

確かに世の中は変化が激しく、あらゆるものを取り巻く環境が複雑性を増し、想定外の事象が発生しています。しかし、人類の歴史は常にVUCAであ

ったのではないでしょうか？　例えば、気候変動・人類の大移動・新大陸発見・宗教改革・産業革命・ペリー来航・文書行政・世界大戦等、私たちの歴史や人生は予測がつかないことが多いのです。

クランボルツ（1999）は、人生やキャリアの大部分は偶発の出来事によって方向づけられるとしたうえで、①結果が分からないときでも行動を起こして新しいチャンスを切り開くこと、②偶然の出来事を活用すること、③選択肢を常にオープンにしておくこと、④人生に起きることを最大限に活用することの大切さを教えてくれています。さらにキャリア開発では、変化の中にあるチャンスを自らのものにすることが大事だとも言っています。まさに、チャンスの神様とアドベンチャーの神様の話のようです！

筆者は、COVID-19の影響が最も大きかった2020年から2021年に、オンラインで「21世紀のリーダーシップ開発」（120時間）という履修証明プログラムを受講しました。オンラインでの授業は不慣れですし、異業種の方々との受講は筆者にとってアドベンチャーの連続でした。しかし、回を重ねるたびに互いを理解し、フォローしてくれる仲間ができることで心理的安全性が高まり、アドベンチャーが促進されていることを再確認できました。実は

この受講も偶発的な出来事の一つでしたが、オンラインでの授業の仕方を学ぶことができ、新たな人脈が拡大したことは、アドベンチャーの賜物であると確信しました。

コロナ禍にVUCAの反対の意味や状態を考えてみました。それがSCSC（スクスク）です。人類はこれまでもSCSC（安定性・確実性・単純性・明瞭性）を求めて試行錯誤を繰り返し、体験学習サイクル等を駆使しながら、自分で考え行動し、成長や発展をしてきたのではないでしょうか！

Volatility （変動性）　⇔ Stability （安定性）
Uncertainty （不確実性）⇔ Certainty （確実性）
Complexity （複雑性）　⇔ Simplicity （単純性）
Ambiguity （不透明性）　⇔ Clarity （明瞭性）

VUCA時代だからこそ、TAPを通じて困難な環境でもレジリエンスとハーディネスを持って自分で考え、行動し、成長できる人、豊かな人生を開拓していく気概を持った人材の育成をしたいのです！ その一助にこの本がなると信じています。

最後に

漢字の「辛」に「一」を加えると「幸」になります。辛いことに対して、何か一工夫することで、幸せに変わるかもしれません！　例えば、自身の考え方・捉え方、行動・言動を少し変える、他者からのアドバイスを受け入れる──少し協力してもらうことで、私たちは幸せになれるのです。また人は、他の人と一緒にポジティブな感情を共有すると関係性が高まり、幸せになれるのです。VUCA時代だからこそ、日々の生活で感じるポジティブな感情や小さな幸せを見つけ、それを仲間と共有し、絆で結ばれたチームで仕事がしたいものです。

そんなチームであるなら、

"ワクワクして出勤し、明日への希望を持って退勤する日々が送れるでしょう！"

以上を踏まえて三つのシフトを目指し、アドベンチャーをしながら幸福な人生を送りたいですね！アドベンチャーの神様はいつも傍にいますよ！

2024年1月
TAPセンター長室より
工藤　亘

参考文献

TAPセンターHP　http://tap.tamagawa.ac.jp（2023年9月26日閲覧）

天野勝（2013）『これだけ！KPT』すばる舎リンケージ

新居佳英・松林博文（2018）『組織の未来はエンゲージメントで決まる』栄治出版

アルベルティ，ロバート E.・エモンズ，マイケル L.（菅沼憲治・ジャレット純子訳）（1994）『自己主張トレーニング』東京図書

石井遼介（2020）『心理的安全性のつくりかた』日本能率協会マネジメントセンター

入山章栄（2019）『世界基準の経営理論』ダイヤモンド社

ヴィランティ牧野祝子（2022）『国際エグゼクティブコーチが教える　人、組織が劇的に変わる　ポジティブフィードバック』あさ出版

川本和孝（2021）「TAPコラム　TAPの活動とプロソーシャル・モチベーション」http://tap.tamagawa.ac.jp/news/news-210906.html（2023年9月26日閲覧）

川本和孝・大山剛（2022）「玉川学園・玉川大学におけるAdventure教育のルーツ」『玉川大学TAPセンター年報』7, pp.39–54.

工藤亘（2003）「体験学習による小学5年生の自己概念の変容と効果―玉川アドベンチャープログラムの実践を通して」『学校メンタルヘルス』5, pp.99–105.

工藤亘（2004）「Being活動を通じた心の安全教育―tapの実践を通して」『玉川大学学術研究所紀要』10, pp.67–74.

工藤亘（2016）「TAPの足跡とこれからの可能性―teachers as professionalsモデル開発を目指して」『教育実践学研究』19, pp.55–76.

工藤亘（2017）「TAPを実践している教師が考えるTAPの意義と課題についての研究―TAPを実践している教師へのヒアリング調査をもとに」『教育実践学会研究』20, pp.13–30.

工藤亘（2019）「目標設定と振り返りへの指導と支導に関する研究―TAPや体験学習での活用を視座に」『玉川大学教師教育リサーチセンター年報』9, pp.57–67.

工藤亘（2021）「TAPとKurt Hahnの教育哲学との関係性についての研究―自己冒険力とI.D.E.A.L.Sに着目して」『玉川大学教育学部全人教育研究センター年報』8, pp.13–19.

工藤亘（2022）「TAPで育成したい人材像とIBとの親和性についての研究」『玉川大学TAPセンター年報』7, pp.75–83.

工藤亘（編著）（2020）『アドベンチャーと教育―特別活動とアクティブ道徳教育』玉川大学出版部

ケイン，スーザン（古草秀子訳）（2013）『内向型人間の時代―社会を変える静かな人の力』講談社

ケリー，トム・ケリー，デイヴィッド（千葉敏生訳）（2014）『クリエイティブマインドセット―想像力・好奇心・勇気が目覚める驚異の思考法』日経BP社

センゲ，ピーター M.（守部信之訳）（1995）『最強組織の法則―新時代のチームワークとは何か』徳間書店

センゲ，ピーター M.（牧野元三訳）（2003）『フィールドブック学習する組織「5つの能力」―企業変革をチームで進める最強ツール』日本経済新聞社

高橋祥子（2021）『ビジネスと人生の「見え方」が一変する―生命科学的思考』ニューズピックス

玉川学園（2017）『全人教育』https://www.tamagawa.jp/introduction/history/detail_12629.html（2023年9月26日閲覧）

玉川学園（2019a）「玉川のアドベンチャー教育」https://www.tamagawa.jp/introduction/history/detail_16173.html（2023年9月26日閲覧）

玉川学園（2019b）「学生たちの労作で完成した松下村塾と咸宜園の模築」https://www.tamagawa.jp/introduction/tamagawa_trivia/tamagawa_trivia-97.html（2023年8月5日閲覧）

ドゥエック，キャロル S.（今西康子訳）（2016）『マインドセット―「やればできる！」の研究』草思社

難波克己・川本和孝（2016）「TAPにおけるアドベンチャーに関する諸理論に対する再考察」『玉川大学TAPセンター年報』1, pp.21–37.

野口聡一（n.d）「航空宇宙産業を支える一員として、僕はまた宇宙にチャレンジする―自分もビジネスパーソンと同じ、宇宙での大きな仕事を動かす歯車の一つ」『著名人から学ぶリーダーシップ―著名人の実践経験から経営の栄養と刺激を補給』https://

www.nec-nexs.com/bizsupli/leader/noguchi/（2023年4月10日閲覧）

バーガー，ウォーレン（鈴木立哉訳）（2016）『Q思考』ダイヤモンド社

日向野幹也（2015）「新しいリーダーシップ教育とディープ・アクティブラーニング」松下佳代・京都大学高等教育研究開発推進センター（編著）『ディープ・アクティブラーニング』pp.241–260．勁草書房

平木典子（2012）『アサーション入門―自分も相手も大切にする自己表現法』講談社

プラウティ，ディック・ラドクリフ，ポール・ショーエル，ジム（伊藤稔・プロジェクトアドベンチャージャパン訳）（1997）『アドベンチャーグループカウンセリングの実践』みくに出版

ブラウン，ティム（千葉敏生訳）（2019）『デザイン思考が世界を変える―イノベーションを導く新しい考え方』早川書房

ブランチャード，ケン・カルロス，ジョンP.・ランドルフ，アラン（星野佳路監訳、御立英史訳）（2017）『社員の力で最高のチームをつくる―〈新版〉1分間エンパワメント』ダイヤモンド社

三隅二夫二（1986）『リーダーシップの科学―指導力の科学的診断法』講談社

メイヤー，エリン（田岡恵監訳、樋口武志訳）（2015）『異文化理解力―相手と自分の意思がわかるビジネスパーソン必須の教養』英治出版

養老天命反転地HP　https://www.yoro-park.com/facility-map/hantenchi/（2023年4月10日閲覧）

レンシオーニ，パトリック（伊豆原弓訳）（2003）『あなたのチームは、機能してますか？』翔泳社

Barnard, C. I. (1938) *The functions of the executive.* Harvard University Press.（C. I. バーナード（山本安次郎・田杉競・飯野春樹訳）（1968）『経営者の役割（新訳）』ダイヤモンド社

Conger, J. A. & Pearce, C. L. (2003) A Landscape of Opportunities. In C. L. Pearce & J. A. Conger (eds.), *Shared Leadership: Reframing the Hows and Whys of Leadership* (pp.285-303). Sage.

Deci, E. L. & Ryan, R. M. (1985) *Intrinsic motivation and self-defermination in human behavior.* Plenum.

Edmondson, A. (1999) Psychological Safety and Learning Behavior in work Teams. *Administrative Science Quarterly, 44,* pp.350–383.

Kim, D. H. (2001) What Is Your Organization's Core Theory of Success? In *Organizing For Learning: Strategies for Knowledge Creation and Enduring Change* (pp.69–84). Pegasus Communications.

Kolb, D. A. (1984) *Experiential Learning: Experience as The Source of Learning and Development.* Prentice Hall.

Luft, J. & Ingham, H. (1955) The Johari window, a graphic model of interpersonal awareness. *Proceedings of the western training laboratory in group development.* UCLA.

Meyer-Lindenberg et al. (2011). Oxytocin and vasopressin in the human brain: Social neuropeptides for translational medicine. *Nat Rev Neurosci, 12*(9), 524–538.

Miles, J. C. & Priest, S. (1999) *Adventure Programming.* Venture Publishing. https://drive.google.com/file/d/1k12WHVJA1mtuKSgWKxmJuFhpatGoYvRy/view（2023年4月10日閲覧）

Neill, J. (n.d) Challenge by Choice. https://challengebychoice.files.wordpress.com/2008/02/challenge_by_choice.pdf（2023年4月10日閲覧）

Obara et al. (2024). Effect of Choral Singing on Children's Prosocial Behavior: Role of Oxytocin Secretion. *Tamagawa University Brain Science Institute Bulletin, 17*, 25–35.

Priest, S. & Gass, M. A. (1997) *Effective Leadership in Adventure Programming.* Human Kinetics.

Stanchfield, J. (2007) *Tips & Tools: The art of Experiential Group Facilitation.* Wood N Barnes.

Stanchfield, J. (2011) Reflective Practice Versus Debriefing. https://blog.experientialtools.com/2011/02/19/reflective-practice-versus-debriefing/（2023年4月10日閲覧）

Thomas, K. (1976) Conflict and Conflict Management. In M. D. Dunnette (ed.), *Handbook of industrial and organizational psychology* (pp.889–935). Rand McNally.

執筆分担 （2024年2月現在）

[編著者]

工藤　亘（くどう・わたる）
　玉川大学教育学部教授、玉川大学 TAP センター長
　玉川大学文学部教育学科卒業
　東京学芸大学大学院教育学研究科総合教育開発専攻修士課程修了
　東海大学大学院文学研究科コミュケーション学専攻博士課程単位取得退学
　『全人教育の歴史と展望』（共著、玉川大学出版部、2021年）
　『アドベンチャーと教育』（編著、玉川大学出版部、2020年）
　『生徒・進路指導の理論と方法　第二版』（編著、玉川大学出版部、2024年）他

　担当：
　1章　①❶、②❶、③❶、④❶、⑤❶、⑥❶
　2章　①❶、⑤❶、⑧❶、⑪❶、⑫❶、⑭❶

[執筆者]

村井伸二（むらい・しんじ）
　玉川大学 TAP センター准教授
　鹿屋体育大学体育・スポーツ課程卒業
　九州大学大学院人間環境学府行動システム専攻修了
　『アドベンチャーと教育』（共著、玉川大学出版部、2020年）

　担当：
　1章　①❷、②❷、③❷、④❷、⑤❷、⑥❷
　2章　①❷、②❶、③❶、④❶、⑤❷、⑥❶、⑦❶、⑨❶、⑩❶、⑪❷、⑫❷、⑬❶

川本和孝（かわもと・かずたか）
　玉川大学TAPセンター准教授
　玉川大学文学部教育学科卒業
　Marshall University Graduate College Adult and Technical Education course修了
　上越教育大学学校教育研究科学校臨床研究コース修了
　『特別活動がつくる学校の未来―開かれた研究と実践に向けて』（編著、日本特別活動学会、2023年）
　『アドベンチャーと教育』（共著、玉川大学出版部、2020年）
　『みんなで、よりよい学級・学校生活をつくる特別活動』（共著、文溪堂、2019年）他

担当：
1章　1 ❸、2 ❸、3 ❸、4 ❸、5 ❸、6 ❸
2章　2 ❷、3 ❷、4 ❷、6 ❷、7 ❷、8 ❷、9 ❷、10 ❷、13 ❷、14 ❷

髙岸治人（たかぎし・はると）
　玉川大学脳科学研究所教授
　関西福祉科学大学社会福祉学部卒業
　北海道大学大学院人文学研究科人間システム科学専攻修士課程修了
　北海道大学大学院人文学研究科人間システム科学専攻博士後期課程修了
　『The Neurobiology of Trust』（共著、Cambridge University Press、2021年）
　『情動と犯罪―共感・愛着の破綻と回復の可能性』（共著、朝倉書店、2019年）
　『なるほど！赤ちゃん学―ここまでわかった赤ちゃんの不思議』（共著、新潮社、2012年）

担当：
3章

**図解　玉川アドベンチャープログラム（TAP）を
通したチームづくりの基礎**

2024年2月20日　初版第1刷発行

編著者　工藤　亘
発行者　小原芳明
発行所　玉川大学出版部
　　　　〒194-8610　東京都町田市玉川学園6-1-1
　　　　TEL 042-739-8935　FAX 042-739-8940
　　　　www.tamagawa-up.jp
　　　　振替：00180-7-26665

装丁・本文デザイン　奥冨佳津枝（奥冨デザイン室）
イラスト　村山宇希
印刷・製本　港北メディアサービス株式会社